U0666887

社会主义核心价值体系建设
"双百"出版工程

项 目

/100位

新中国成立以来感动中国人物/

李春燕

黎光寿/著

★

吉林文史出版社

《100位新中国成立以来感动中国人物》丛书

★★★★★

编 委 会

前　言

　　每个人的心中都多少有一点英雄情结，都向往英雄、景仰英雄。也正因此，在中华人民共和国建国六十周年之际，由中央十一部委联合组织开展的"100位为新中国成立作出突出贡献的英雄模范人物和100位新中国成立以来感动中国人物"的评选活动中，群众参与投票总数近一亿。这其中的每一张选票，都表达了人们对英雄模范的崇敬之情，寄托着对伟大祖国的美好祝福。

　　一个民族不能没有英雄，否则这个民族就不会强大。当国家危难之时，懦弱者选择了逃避、妥协甚至投降，英雄们却挺身而出，用热血捍卫民族的尊严，人民的幸福。在创立和建设新中国的伟大历程中，涌现出无数可歌可泣的英雄模范人物。他们之中，有为了民族独立和人民解放而英勇牺牲的革命先烈，有为了党和人民的事业而不懈奋斗的优秀共产党员，有在全民族抗战中顽强奋战、为国捐躯的爱国将士，有英勇杀敌的战斗英雄和革命群众，有积极从事进步活动的著名民主爱国人士和国际友人……他们是民族的脊梁、祖国的骄傲，是激励全体人民团结奋斗的精神力量。

　　《100位新中国成立以来感动中国人物》丛书，就像一部星光璀璨的英雄谱，真实、完整地记录了英雄模范人物不平凡的一生，再现了他们非凡的人格魅力和精神世界。舍身堵枪眼的黄继光，拼命也要拿下大油田的王进喜，中国原子弹之父邓稼先，新时期领导干部的楷模孔繁森……一串串闪光的名字，一个个动人的故事，犹如群星闪烁，光耀中华。

　　当今中国正处于伟大变革的时代，迫切需要涌现出一大批勇于承担历史使命、为祖国和人民奉献一切的先进人物。在"双百"人物崇高精神的引领下，在建设社会主义现代化国家的征程中，必将英雄辈出。

生平简介

　　李春燕，女，苗族，贵州省从江县人，中共党员。1977 年出生，现为贵州省从江县雍里乡大塘村博爱卫生站医生。

　　2000 年，李春燕从卫校毕业后来到大塘村。该村是一个苗族村寨，山高路陡，交通闭塞，生活贫穷，"小病扛，大病顶，实在不行把巫师请"是当地群众缺医少药的真实写照。2001 年，为了解决村民看病难的问题，公公婆婆卖掉了家里三头耕牛中的两头，筹集资金 2000 元，支持李春燕开办了大塘村有史以来的第一个卫生室。卫生室创办之初，尽管她买不起药箱，只好用一个做工精巧的小竹篮代替，并从父亲那里借来医疗器械，以高度的责任心为村民服务。当地部分村民家庭困难，看病吃药只能赊欠记账，秋收后再还，久而久之，卫生室资金周转也就越来越难，李春燕家里为此还背上了 7000 多元的债务。为了筹钱买药，家人把家里剩下的一头耕牛也卖掉支持她。最困难的时候，她卖掉了家中所有值钱的东西，包括结婚戒指。李春燕日复一日，年复一年，任劳任怨，默默奉献，服务群众，她常常不顾个人安危抢救病人，共医治病人上万人次，接生婴儿百余人，深受当地群众的爱戴。2006 年，她被中央电视台评为 2005 年度十大感动中国人物。2007 年，她被评为中国十大杰出青年。2009 年被评为 100 位新中国成立以来感动中国人物。

1977-

[LICHUNYAN]

◀李春燕

目 录 MULU

平凡中的伟大（代序）

　　她是大山里最后的赤脚医生，提着篮子在田垄里行医。一间四壁透风的木楼，成了天下最温暖的医院，一副瘦弱的肩膀，担负起十里八乡的健康，她不是迁徙的候鸟，她是照亮苗乡的月亮。

　　这是 2006 年 2 月中央电视台给其感动中国 2005 年度十大人物之一的乡村医生李春燕的颁奖词。作为李春燕抢救孩子吴健智的参与者和见证者，作为对李春燕了解比较多的外人，感触良多。

　　2004 年 10 月 3 日，我组织的一次活动在贵州从江县举行。在这次活动中，我遇到了本书的主人公——乡村医生李春燕。我第一次见到她是当天的中午，她刚刚接生完一个后来被我们取名为"吴健智"的早产男婴走在回家的路上。第二次见到她，我们就跟随她一起来到了吴健智家，见到了这个从出生到死亡只经历了八个小时的小男孩。

　　和我一起的是来自北京的青年朋友杜娟和刘志洁，杜娟当时在中国扶贫基金会工作，刘志洁刚刚大学毕业。他们共同参与了李春燕对吴健智的抢救，我手里拿着相机，见证了抢救的全部过程。抢救开始是在吴健智家里，接下来发生在前往县医院的车上，再后来发生在从江县民族医院的病房里。

　　不停地转移吴健智的原因是李春燕的医疗条件和医疗设备都很差，几乎不具备救治早产窒息婴儿的条件。在抢救的过程中，从李春燕开始，到我们年轻的志愿者，到县医院的大夫，都没有放弃对孩子的抢救，孩子在大家的努力下产生了良好的反应，原先青紫色的皮肤充满了红润的颜色，呼吸也从原来一点没有变成了正常的呼吸。

　　医生说，孩子如果能够在保温箱里待到足月，是可以治好的。

但孩子在出生八个小时以后离开了这个世界。原因是县民族医院的医生告知了孩子奶奶真相——即便孩子能够活下来，也有 60% 到 70% 的可能是一个痴呆儿。孩子的奶奶恐惧于一个家庭日后抚养一个痴呆儿，放弃了治疗，医生尊重家属意见，拔出了输液管和输气管，孩子的生命就此结束。

抢救吴健智的当天晚上 12 点左右，我们第一次来到李春燕家，跟她交流了将近一个小时，在我们即将离开李春燕家时，她推开了家里最后一扇紧闭着的门——我们被眼前的景象震惊——李春燕家的地基，已经塌下去一只角；这栋依山而建的木屋，几根柱子已经悬空；房屋向阳的一面墙，已经有好几十个裂缝了……

我看到，和这所破房子相对应的，是李春燕空空的药架，已经没有药。她的医疗设备，只有两把止血钳、一把镊子、一个听诊器、一个体温表，还有一个赊来的药箱——这些设备远远达不到挽救一个生命所必需的条件。我终于知道，在面对像吴健智这样的孩子时，她这样的条件，是无法及时施救的，只能造成终生遗憾。

在后来和李春燕家人的接触中了解到，如果当时她拥有最基本的医疗设备，吴健智应当是可以被救活的。李春燕说她有信心，因为在她刚到大塘时，尽管技术还未完全成熟，就已经抢救了村里另一户同样情况的孩子，积累了一些经验。

在经济困难的农村做医生，不仅仅需要技术，还需要做人的良知，更需要长年累月的坚持，而这些李春燕都有了。在技术越来越好、开销越来越大、欠债越来越多的情况下，李春燕仍然在坚持，虽然她和大家一样，只是一个农民，一点儿都不知道何处才是苦难的尽头。

我曾经好奇李春燕怎么会坚持那么久。她是否是一个不食人间烟火的人？我问她为什么不出去工作或者做一点生意，她说其实早就无法坚持下去了，只是原来也是赤脚医生的爸爸告诉她，无论如何都不能离开大塘这个地方，因为她是这里唯一的医生！她的回答让许多朋友十分感动，让大家感受到了最朴实的人最朴实无华的美德，说者满脸笑意，听者口中无言，两眼泪千行。

如果把李春燕当作乡村医生的一个符号，我们设想一下她离开大塘村后的情景——许多病重的老人，因为没有医生的治疗，可能会提前结束他们苦难的一生；许多生孩子的妇女因为得不到及时的护理，因而留下了终生的遗憾，有的可能还会因为没有医生而失去生命；许多小孩生了病得不到及时的救治，小病变成了大病，最后生命之树像风雨中摇曳的烛光一样难以为继。

也许有人会从专业的角度去评说李春燕和乡村医生的医疗技术，说他们技术不好有很大风险。我认为这些观点都对，李春燕的医术并不高明，她并不能医治村民的疑难杂症，更不能治疗农村中所有的疾病，她也绝不是农民和农村最好的选择，但是，在医疗资源严重匮乏的农村，就因为有李春燕这样的乡村医生的存在，病人才能得到及时医治，因为他们作为国家基层医疗体系的一部分，对医疗体系是一个有益的补充。

我希望，这本书的问世，就像李春燕推开她家破房子最后的一扇门一样，让我们看到了更多的真实，看到更多的善良，看到更多的默默无闻和兢兢业业。我相信，一滴水能反映整个太阳的光辉，李春燕也同样闪现着人性的光辉，在这里，有的是责任和爱，有的是和谐、美丽和永恒。

李春燕所在的月亮山地区曾经被本地人称为第九世界，他们说中国本来就属于第三世界，贵州属于中国的第三世界，月亮山地区属于贵州的第三世界，合起来正好是第九世界。但我发现，在李春燕这样的人物的辛劳所造就的光辉映照下，这个被称为第九世界的地方充满了责任和爱，充满了奋斗的经历和反抗贫困的努力，它让我们思考人应当怎样活着，它让我们思考应当怎样才能建设一个和谐、美丽和永恒的世界。

大医梦想世代医

→ 贵州省尾月亮山

★★★★★

月亮山区是贵州省最边远的地区之一，这里有些人称自己来自"第九世界"，具体的含义就是：月亮山区是贵州省的第三世界，贵州省是中国的第三世界，而中国本身就是第三世界，合起来正好是第九世界。因此，月亮山区历来都是各级政府帮助的重点。

这里风景非常优美，民族风情非常浓郁，"返璞归真，回归自然"是黔东南的真实写照，还以其"唐朝发型，宋代服饰，明清建筑，魏晋遗风"般浓郁的民族风情，被誉为"人类疲惫心灵最后的家园"。

从江县地处贵州省东南部，把守着贵州省的南大门。过去还没有通公路的时候，来自广东的客商，沿都柳江逆流而上，经过从江，从此踏上北上贵州、重庆、四川的道路。从成都到广州的 321 国道修好以后，许多从四川、重庆去广东、广西的汽车，也是通过从江南行。

因为大部分土地地处月亮山区深处，从江县在贵州省的地位，就和贵州省在中国的地位一样，处于最落后的地位，"省尾"是其在贵州省地位的真实写照，其实现的多项工程，在贵州省都标志着一个时代的结束——1964 年从江县城通公路，结束了贵州省县城不通公路的历史，2002 年从江县光辉乡通公路，标志着贵州省乡乡都通了公路。

"天无三日晴，地无三里平，人无三分银"是用来形容贵州环境恶劣和经济贫困落后的话，但作为贵州省自然环境欠佳的从江，一点都不为过，甚至当地人告诉你的从江，环境更加艰苦，"九山半水半分田"才更为真实。

这里居住的主要是苗族和侗族，然后才是汉族。当地人介绍，从江的苗族，来自北方，是蚩尤的后代，主要生活在高山上，妇女穿的裙子有一截是白色的，也被称为白裙苗；而这里的侗族，则是从南方来的百越民族之一，主要居住在江边，许多靠打鱼为生；这里的汉族主要是外来民族，其先祖到此地时，多是地主豪强或富商之类的人物，占据了平地，以农耕为主。

李春燕出生在贵州省从江县雍里乡宰略村，这个村地处跨越贵州和广西两个省的月亮山区外围，在贵州省东南部，距从江县城一共有20多公里，老321国道直接从李春燕家房屋后边通往县城。宰略村有200多户，苗族、侗族和汉族杂居。

尽管各民族混合居住的历史已经非常久远了，但各民族之间很少通婚。尽管如此，出身于苗族的奶奶仍然嫁给了汉族的爷爷，身为侗族的母亲又和自认为是汉族的爸爸组成了一个家庭，到了李春燕这一代，别人要问她是什么民族，她都已经不知道怎么回答了，因为都沾了各民族的血统，说是哪个民族都行。

→ 赤脚医生李汉民

★★★★★

60年前，李春燕的奶奶一共生下了八个孩子，由于当时农村缺医少药，不通公路，其他孩子生病了也无法救治，只有爸爸李汉民一人活了下来。

李汉民生于1944年。解放后，宰略村建立了一小学。尽管只是一个初小，只有一至四年级，但李汉民还是作为第一批小学生，在那里度过了1952年至1956年的四年美好时光，1956年至1957年到当时同乐公社（今天的"雍里乡"）所在地大洞村去念五年级，1958年开始在大洞念初中，一直到1961年。

当时正好是国家最困难的时期，许多人吃不饱饭，大家肚子饿了就上山采蘑菇，结果有的蘑菇有毒，宰略村及附近没有医生，也没有药，不少人因此失去生命。这样耳闻目睹的经历让李汉民下定决心发奋学医，做一个医生，拯救所有的病人，这样既可以为别人解除痛苦，在非常特殊的情况下也可以让自己脱离危险。

1961年，宰略村办起了大食堂，李汉民回家担任食堂会计。60年代，毛主席号召"要把医疗卫生工作的重点放到农村去"，1965年同乐公社的卫生员陈昌林了解到李汉民是初中生，又有学医的志向，就动员他去学医。

这个学习实际上就是一个短期培训，培训期是三个月。学习结束后，李汉民回到宰略村做了卫生员，和一个从四川南充来的卫生院院长彭医生一起为群众治病。尽管他开始只能治疗感冒发烧之类的小病，还有就是给妇女接生，但比起没有医生的过去，还是解救了许多人的痛苦。

从 1965 年开始到 1970 年，李汉民都在宰略村里为群众看病。1970 年 8 月，国家修建湘黔铁路，他随修路民兵一起，到湘黔铁路做了卫生员。1972 年春天湘黔铁路通车，李汉民回到了宰略村，先在学校代了两个月的课。同年 5 月，被调到同乐公社卫生院。

△ 李春燕的爸爸李汉民正准备为病人打针（黎光寿摄）

李汉民做医生时，公社开始搞合作医疗，设有专门的合作医疗小组，有一个专门的保管员，生产大队筹钱，医院负责买药看病。当时看病每人次只收五分钱挂号费，没有群众看不起病的。同乐公社卫生院三个医生除了每个月公社给的 20 多元工资外，还可以从 100 多元挂号费中分到 30 多元钱，比一般干部的工资还高。

1976 年的一天，李汉民一共给 50 个人看病。当时实在忙不过来，一些病人也主动当起了义工。一些病人在排队等待看病，另一些人为李汉民做饭吃。1978 年，从江县组织全县的乡村医生考试，李汉民考了全县第二名，政府后来给他颁发了"执业医师资格证"。

从李春燕有记忆开始，爸爸出诊是最经常的事情，不管是天晴还是下雨、下雪，都要出门去给别人看病。有时候半夜里全家睡得正香的时候，有人来敲门，李汉民撑着雨伞就出诊去了，天快亮的时候才回来。

李汉民经常熬夜不睡觉，人瘦瘦的，妻子心疼他，多次嘱咐他让他好好休息，晚上不要出诊了，可他都说"不行"，"做医生的就得讲道德，随叫随到，救死扶伤"。

1984 年，李汉民在同乐乡卫生院当了院长。1993 年撤乡并镇，同乐乡被合并到雍里乡，他继续在乡卫生院工作，1997 年又担任雍里乡卫生院院长。2003 年退休在家。

退休在家的李汉民并没有停下自己的脚步，他在家里开了一个诊所，用中西医结合的方法，给周边群众看病。有些群众付不起药费，他也没有拒绝，他看病总是在赔钱。好在退休后他一个月有 1000 多块钱的工资，每个月倒贴几百元的事

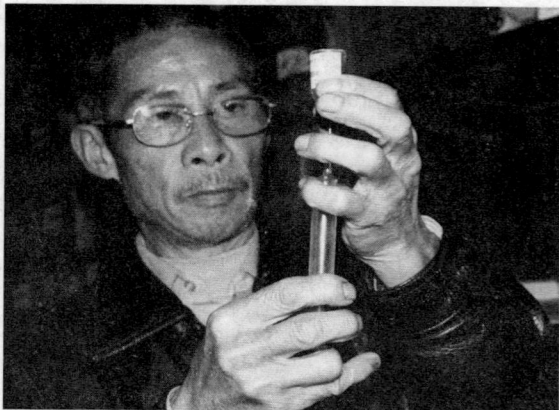

情他还能贴得起，如果是别人早就垮了。

父盼子女多学医

★★★★★

从 20 世纪 60 年代开始，李汉民夫妻陆陆续续养育了五个孩子，一个男孩，四个女孩，李春燕在家里排行第四。根据当地的习惯，她在家里的女孩当中排行第三，因此往往被称为"老三"或者"三妹"。

为了更好地照顾几个孩子，夫妻俩做了明确分工，凡是用钱的事情都由李汉民负责，吃饭的问题则由妻子负责。如此分工的原因就是李汉民有正式的工作，每个月有稳定的收入，而妻子的主要责任是在家种田养猪，给全家人提供粮食和猪肉。

孩子还小的时候，李汉民每月能从医院领到一点儿大米回家。为了能让五个孩子都吃饱，他每天把大米留给孩子们吃，晚上回家后在家里冲木薯粉充饥，或者就拿玉米面做饭。逢年过节，他还到县城朋友家拿别的孩子不穿的旧衣服来给孩子们穿——有一次过年，李春燕和二姐为了争一件红色的衣服，还哭闹了半天。

五个孩子的家庭，每天都像打仗一样热闹，也给李汉民夫妇带来很大挑战。李春燕和妹妹原来一直跟着奶奶，1980 年老人去世后，两个小姑娘没人带，李汉民把外婆接到家里带孩子。

李春燕的外公早逝，外婆是个很能干的女人，膝下只有两个女儿。到李汉民家后，一边带李春燕姐妹俩，一边还做一点小生意，给李汉民家里增加了不少收入。李春燕的大哥、大姐读书，李汉民的工资不够，经常是外婆添钱补足了学费路费和生活费。

在李汉民夫妇和外婆的努力下，全家五个孩子都上了学，除了李春燕的二姐外，基本上都初中毕业。李春燕的大哥读了大专，大姐和李春燕都读了中专。在当时从江县农村，这样的家庭已经算是很好的家庭了。

在子女填志愿的时候，李汉民让孩子们学医，他说："我们家多几个学医的，一来方便自己，二来方便群众，再说这个职业也是比较高尚的，受人尊敬。最起码当一个家庭医生，也能够自己救自己。"

△ 李春燕的父母（李春燕提供）

李汉民还有一个理由："学医比较简单，只要你具备这个文化水平就可以学，还有，你进了卫校，学习了医疗卫生知识，还可以学别的，并不耽误其他学习，我们学医的人去搞其他的还能搞，其他行业的人来搞医就不行了。"

李春燕大哥的梦想是做一个老师，在初中毕业填报志愿时，李汉民让他考卫校，结果他口头答应了，但自己填志愿时填了师范学校，毕业后回到从江县当了一名老师。李汉民见儿子铁了心，退而求其次，给他下"最后通牒"，要他一定找一个当医生的妻子。

最后关头，李春燕大哥做了妥协，找了一个在县医院工作的妻子，和李汉民的父子之战才罢休。不过有此"教训"后，李汉民在大女儿读初中的时候就一直给她灌输学医的思想，顺利实现了让孩子学医的梦想。

李春燕的二姐学习不好，读完了小学以后就不读书了，也就没有了被李汉民"逼迫"学医的机会。李春燕的四妹读完初中以后，也没有考上什么学校，也不愿意再学习，就出门打工去了。

化为春燕把巢归

幽兰吐香燕归巢

★★★★★

  在李春燕家所在的地方，燕子是一种吉祥鸟，农民最在乎的是燕子春天能够飞回来，因为那意味着农忙的开始，也就意味着一年一度希望的开始，也是农民一年一度喜庆的开始。每年春天，各家各户都会在自己房屋的天花板上钉上一块木板，以迎接燕子回家搭窝。

  春天也是幽兰盛开的季节。只要在农历的二三月份到山上去，幽兰的香味就会扑鼻而来。李汉民从高山采来一株兰花草，栽在家门口，数十年如一日浇灌，每到春天，兰花便开出绚丽芳香的花朵，沁人心脾。

  李春燕出生在农历的三月二十八日，当时是燕子已经归家，幽兰已经开放，李汉民给她取了一个"春燕"的乳名，还取了一个"世兰"的学名，希望她长大以后能够像燕子那样勤劳，被人喜欢，自由自在地在空中飞翔，同时也能像山沟里的幽兰那样散发芳香。

  李春燕是家里的第四个孩子，在女孩中排行老三。尽管学校大门距离家门口只有 10 米远，但因过度顽皮，她 7 岁时才上小学一年级。每天下早读课后，李汉民到学校接李春燕回家吃面条，吃完了再回教室上课。每次送她到学校都说："要好好读书，长大了才有用处。"

  当时李春燕很任性，也不喜欢读书，每天要爸爸抱起床，帮穿衣服，才勉强背着书包去学校。在学校，老师要求把当天教的课文全都背下来，背不下来就要被留在教室，李春燕害怕被老师留下，听见别人怎样背自己就怎样背，一个学期下来，虽然把整本书的课文都背下来了，但一个字也不认识。

  为了激发李春燕的学习热情，李汉民给她买了一些有图画的故事书，教她认字、说话等等。看着爸爸买来的那些图画书，她开始有了一点学习的兴趣。

  读到二年级后，李汉民就给李春燕一个小本子，让她每天学写一行字，后来逐渐发展为两行字、一页字，慢慢地学会了写日记。三年级开始学写作文时，李春燕已经能够比较熟练地写作文了，甚至作文还多次被老师拿来当范文在班上宣读。

在父亲的熏陶下，李春燕对语文兴趣盎然，但数学成绩不理想，但李汉民并没有责怪她，只是一次次地对她说："没关系，这次考不好，下次再考，只要你努力，会慢慢好起来的。"

中考名落孙山外

★★★★★

李春燕有个表弟，6岁时患了心脏病，要去医院做手术，一下子就需要几百元。表弟家没有钱，江湖郎中劝他父母用自己的药。结果每次都乱治一气，骗去表弟家几十元钱，表弟还是痛苦地离开了人世。

李春燕曾经在日记里写道："表弟的死让我感到特别难受，每次想到表弟的死，就咬牙切齿，觉得那些江湖郎中非常可恨。"她认为，如果她是医生，或许能够避免表弟的死。李春燕上初中后，李汉民就开始教她如何看病、打针、开药。

有一次，一个村民上山砍柴，砍伤了大腿后被送到李汉民家，找李汉民缝合上药。这位村民大腿上开了一个大口子，鲜血直流，骨头都露出来了。李汉民仔细察看了伤口，对李春燕说："春燕，赶紧帮我弄点热水帮他先洗洗。"李春燕很快拿热水瓶倒了半盆的热水，还加了一点细盐，端给李汉民，就赶快往外跑。

李春燕往外跑的原因是对流血感到害怕，只想赶快逃离现场，不敢再多看一眼。她才跑了没两步，就听见李汉民的声音："春燕，你去哪里？赶快过来帮忙！"

她停住脚步，乖乖地回到李汉民的身边，全身直哆嗦。

李汉民说："来，帮我拿剪刀。"李春燕走近，拿起一把剪刀。

"递止血钳。"李春燕递过止血钳。

"你看这口子，里面很脏，感染了很多细菌，要用棉球蘸盐水把里面冲洗干净，才不容易发炎、感染！"李汉民一边忙着帮病人清洗缝合，一边给李春燕指点，让她学习。

病人的伤口一直在流血，李春燕有点儿害怕，特别是李汉民在给病人做缝合手术时，病人直叫痛。李春燕听着病人的叫喊声，心里一阵阵发毛，把脑袋扭到了一边，忍着不看。

化为春燕把巢归

李汉民突然说："给我剪刀。"李春燕把剪刀递给他。李汉民处理完伤口，对李春燕说："这是小小的手术，缝合起来，上好药，三天后再换一次药，很快就会好了。"他继续说："你观察一下他的伤口，我是怎么处理的。"

李春燕没好气地应了一句："学这么多做什么？我又不是医生，我也不做医生，不关我的事。"

正在为病人包扎的李汉民听了女儿说的这句话，显得有些生气，但他还是强忍住愤怒，苦口婆心地说："春燕，当医生有什么不好啊，当医生最受人尊敬，救死扶伤，多好的职业！你先跟我学，到初三以后就报考卫校！"

△ 初中时的李春燕，爸爸有意地让她学医

"我才不考卫校！当医生整天都弄这些脏兮兮的，饭都吃不香，白天黑夜出诊，觉也睡不好！我不当医生，以后我要当老师，老师才受人尊敬！"李春燕争辩道。

李汉民道："医生同样受人尊敬！老师生病了没有医生治病怎么办？"

"没有老师教你，你哪里能会看病？"李春燕说。

"不管是什么职业，没有健康，你能好好地去上班吗？就算做农民，没有健康，你能好好地去劳动吗？学医才好，最起码能够为自己也为家人看病，在最困难的时候可以不用去求别人。"李汉民说。

父女俩经常争论这些问题，也没分出高低。

1996年，李春燕初中毕业，报考学校时，去找老师说要报名考中师，准备以后当老师。可老师说："你爸爸到学校来跟我们说过，不让你考中师，要考卫校！"

没有得到老师支持，李春燕很生气，又报林校。这下老师生气了，对她说："你这么不听话，考卫校是你爸爸亲自跑到学校来说的。"

李春燕心里嘀咕："以后我是不是也要像爸爸那样，不管是晴天雨天、刮风下雪、白天黑夜，都得出诊……"她想了好久，真的没办法，父命难违，就听一回话吧。就这样地报考了卫校。

当时中考要过两道关，第一关是预选考试，第二关才是真正的升学考试——

统考。只要预选能够过关，再努一把力，统考也就能过关了。李春燕的预选考试成绩出来了，已经过关，李汉民很高兴地对她说："能过预选，肯定能考取的，好好复习吧！"

做医生是许多农村孩子的梦想，因此考卫校的人比较多，预选和正式考试录取的比例是五比一，李春燕尽管通过了预选考试，但还需要参加正式考试，成功录取了才能放心，但当时距离正式考试还有一段时间呢。

在距离正式考试还有几个月的时候，李春燕进入紧张的复习阶段，每天很早就起来看书，到很晚才睡觉。结果考出来的分数离卫校的录取分数还差 100 多分，名落孙山。

➔ 爱德援助把梦燃

★★★★★

对李春燕来说，中考失利让她的人生走到了十字路口，不知道往哪边走。当时电子类的学校最热门，李春燕想去读自费，可是家里没有钱。她想去打工，父母又不让去。于是，她在家种地……什么也不想做。

▷ 大洞中学校园。中考结束，李春燕从这里走上人生的十字路口（黎光寿摄）

第一年失利后，她又复读了一年初三，但中考再度失利……她不知道自己人生的路应走向何方，何时才是一个尽头。

命运的转变来自一个公益基金会的合作项目——南京爱德基金会的乡村医生培训项目。该项目由爱德基金会出资，资助西部部分省区的农村未考上高中或者大学的孩子到卫校就读，学成后返回本地服务。两次中考失利的李春燕，在绝望中找到了奋斗的方向。

1997年9月8日晚上，李汉民拿出一份通知单，说是白天去卫生局，为李春燕争取到了一个学习机会，要送她上卫校。李汉民告诉李春燕，要去学习的地方是黎平县，学制有三年的，也有一年的，喜欢哪一种由她来决定。"你去读这个不用交学费，我每个月给你一点儿生活费就行了，马上就要开学了，这是个好机会。"

黎平和从江都属于贵州省最偏僻的地区之一。但黎平县和从江县又有所不同，黎平是中国工农红军1935年初长征经过的地方，当时的中共中央在黎平开会确定了前进方向，间接促成了遵义会议革命形势大转折的到来，从而使这个县城蜚声中外。黔东南州政府在此也设立了卫校、师范等一般县城没有的教学机构，黎平卫校属于其中之一。

尽管李春燕时常会想起表弟的死，但她不想长大后还像父亲那样饭也吃不香，觉也睡不好……她对读卫校有一种抵触情绪，李汉民做了她两天思想工作，她才勉强答应到黎平卫校去学习三年。

毕业回乡做村医

→ 卫校末班第一名

★★★★★

1997年9月10日，天气晴朗，在湛蓝的天空下，李春燕在李汉民的陪同下，进入了贵州省黔东南州黎平卫校的大门。李春燕当时的日记写道："也许是走上了人生的一条道路吧，我感觉那天的天空特别蓝，天上还有几朵白云在飘，给世界增添了白色纯洁的美丽。"

李春燕读的爱德班一共有75人，除了从江县的学生外，还有黎平县和榕江县的学生，每个县各25人。和普通的同学不同，他们不用交学费，每个人只需要带足每个月的生活费，但毕业后必须要回到家乡做医生。

爱德基金会是南京天主教信众设立的一个公益慈善机构，从1989年到2004年，针对许多贫困地区缺少医生的状况，和贵州、内蒙古、青海、宁夏、甘肃、四川、云南、广西、海南等九个省（自治区）卫生行政主管部门合作，开办了乡村医生培训班，培养了16022名乡村医生，其中有8000人走上了工作岗位。

李春燕到学校以后才知道，受政府撤并中专等学校的影响，她所在的爱德班已经是爱德基金会在黎平卫校的最后一个班。李汉民担心她不安心学习，对她说："能有这么好的机会来学习，又不用多少钱，好好学习吧。我每个月给你150元做生活费。"

开学后第一周就是中秋节。黎平的天气已经转凉了，需要穿好几件衣服，李春燕开始想家，因为家里有火，不会像学校那么冷。

中秋节晚上，老师和同学们一起过节，开了一个座谈会。在每个同学的面前，都放上了花生、瓜子、苹果、月饼、香蕉和糖，老师让同学们一个一个地站起来介绍自己，如果不能说的就唱歌。最后大家一起狂欢，唱歌跳舞，一直到深夜。

这个中秋节让李春燕感到，真正的校园生活开始了。但她人在教室心在家，只想回家，根本就不知道老师在讲什么。她常常想到爸爸长年累月给人治病，很多时候吃不好睡不好，觉得当医生太苦了。她甚至还想如何逃学，想逃到很遥远的地方去打工或者流浪。

想着想着，第一个月就过去了，爸爸留下来的生活费也用完了，随后寄来的钱越来越少，甚至少到每个月50元，和原来说的每个月150元相差甚远。李春燕整天坐在教室里东想西想，经常走神，课也听不进去。

第一次期中考试，李春燕的成绩一点都不理想。班主任老师找她到办公室谈话："能进爱德班学习，机会是很难得的。其实学医并不难，学不好以后走出去怎么帮别人看病治病呀？我们出去就是医生，面对的是人，医生是一只脚踏在医院门口，另一只脚踏在法院门口，要是你在学校学不好，自己骗自己，以后害谁呀？学医是弄不得假的。"

这一次谈话进行了很久，李春燕开始觉得，父母对自己的养育很不容易，虽然每个月的生活费越来越少，但并不是爸爸的错，他的工资总额只有300多块钱，因为乡里穷，只能发一半工资，能够寄50块钱已经不容易了。

她开始理解爸爸的良苦用心，贫穷并不是父母的错，但不能因为贫穷而自暴自弃，毁了自己的未来。她在日记里写道："我一定要为自己争口气，好好学习，将来为自己找一份好的工作。"

爸爸寄来的钱少，她只能早上不吃早餐。当别人拿着碗去食堂吃早餐时，她只有抱着书跑到教室去看，天天如此，也习惯了。

有一次，李春燕和同学在周末时上街，到商店里看衣服，在同学的怂恿下，

△ 爱德班的全班同学合影（第三排右起第八人为李春燕），爱德班成了李春燕人生的新起点（李春燕提供）

李春燕挑了一件穿在身上，在试衣镜前试了又试，大家都觉得很满意，但到了最后，她还是找个借口推掉了，让同学直骂她没良心。

李春燕后来了解到，为了她能读卫校，四妹放弃了继续读高中的机会，初中毕业后就外出打工去了。李春燕听到这个消息后，心里一阵酸楚——如果再不努力，就实在太对不起爸爸和家人了。

这个学期后，李春燕的成绩就一步步上升了，后来成了全班第一名。

➔ 农村最缺好医生

☆☆☆☆☆

三年的学习时间转瞬而过。1999年，黎平卫校爱德班的同学们进入实习阶段，三个县的学生都回到本县实习。李春燕被安排到从江县民族医院。乡村医生是全科医生，什么科目都得熟悉，她实习的内容就是由医院负责分配到不同的科室轮流转，最早被分配到妇产科。

带李春燕的医师叫刘玉芝，是妇产科主治医师。李春燕刚到医院时不会开处方，药剂量也记不清楚，每天查房结束后，刘玉芝就带李春燕回办公室，教她写病历、开处方。开始李春燕写得错误百出，但刘玉芝说："不要紧，错了再写，一直写到满意为止。"

有些患者看不起实习医生，不愿意让李春燕为他们服务。刘玉芝则对实习医生爱护有加。一次，刘玉芝带李春燕查房，一位孕妇要求"不要实习医生检查，叫老医生来"，刘玉芝对孕妇说："他们现在正在学，你不要他们来做，以后我们老了，没有他们接班，谁来帮你看病、检查身体呀。"

每次遇到不同的病人，只要不是特别严重，刘玉芝都尽量让实习医生来做，如果患者有疑问，她都会把对方说得心服口服。如果遇到重症病人，需要她亲自操刀的时候，她也决不放弃给实习医生观摩学习的机会，李春燕看过四五回剖腹手术。最开始李春燕是又怕又好奇，看了几次后，逐渐习惯了。

在李春燕的脑海中，浮现出一张张剪影——过去许多农村妇女生孩子，没有医生接生，遇到难产，不能进行剖腹手术，就只有死路一条，过去农村妇女生孩子的结果是"不坐中堂，就上天堂"。假如自己

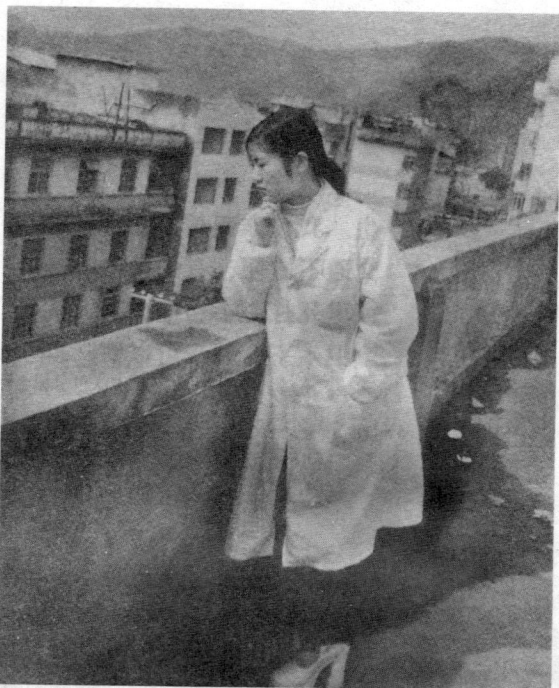

在农村做一个乡村医生，"剖腹产"这种大手术也许做不了，但只要有她存在，就能及时通知医院，病人就有可能转危为安；既然爱德基金会支持自己学习，就应当回到农村去，为老百姓治疗一些常见的小病，解除他们的痛苦。

这时候，李春燕初步理解了爸爸坚持要她学医的苦心——在贵州偏僻的农村里，当医生可以直接为病人解除痛苦，可以避免很多人受到疾病和突发事件的伤害。她准备像父亲那样，无论天晴下雨，为村里穷苦的老百姓多做一点事。

实习结束，标志着三年的卫校生活正式结束。李汉民希望李春燕能够接他的班，他说："不管有没有正式的工作，但你一定要做乡村医生，因为农村最缺少医生。"他常常告诉李春燕："农村最缺少医生，国家花了那么多钱培养你，就是希望有一天你能够为农村做出你的贡献，真正为老百姓服务。"

李春燕也亲眼看到很多来自农村的病人，因为没有钱就医，交通不方便，有的还没有抬到医院，就死在半路上，有的在家里死扛，小病拖成了大病。她想，无论自己未来在哪里，应当在村里开办一个卫生室，一来可以解除群众的痛苦，二来可以给家里增加一点收入，维持自己的生活。

但是这个村庄在哪里呢？她生命中那个十分重要的人物出现了。他，叫孟凡斌。

信物是个卫生室

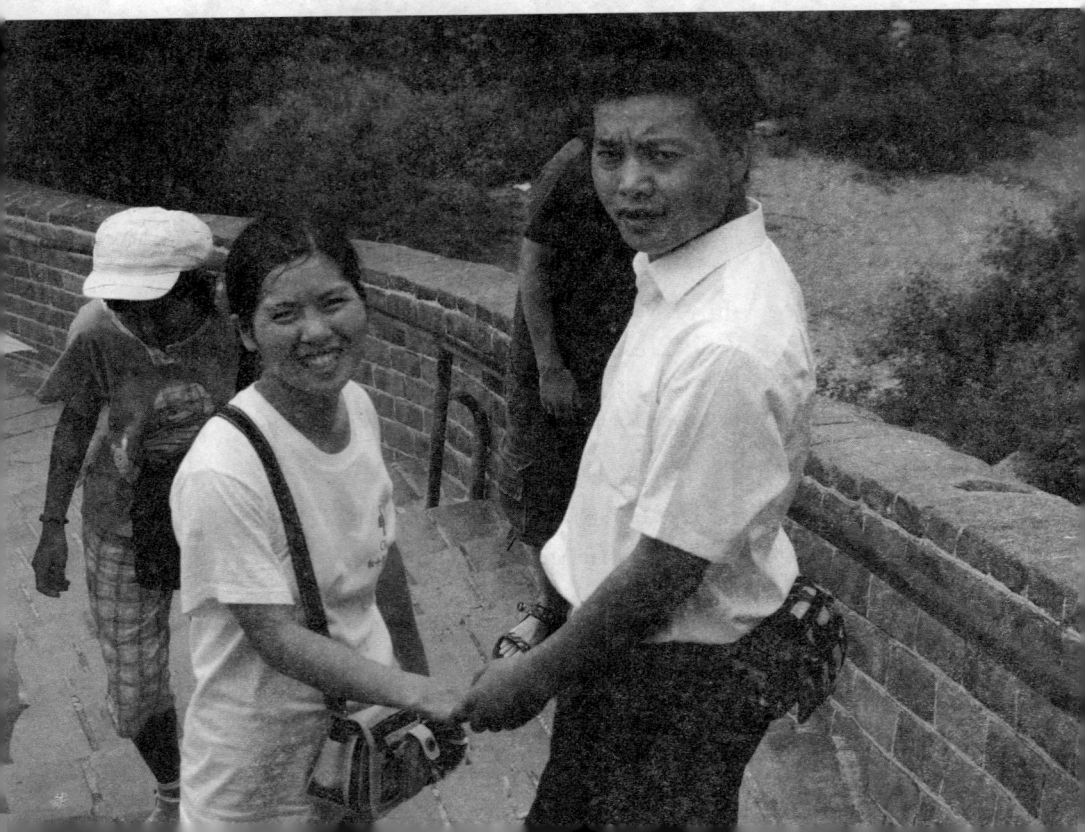

➔ 用心换来"大笨牛"

★★★★★

　　李春燕生命中这个十分重要的人物叫孟凡斌，同是从江县雍里乡人，孟凡斌家住在大塘村，距离李春燕家所在的宰略村大约有 10 公里。而李春燕和孟凡斌的交往，可以追溯到进入黎平卫校爱德班之前。

　　1997 年春天的一天，李春燕和两个同学在从江县城的大姐家翻看相片。一个男孩走了进来，一见到李春燕就说："哪里来的大妈呀！"她当时很胖，不到 1.60 米的个头，体重有 120 多斤，听不惯别人说自己胖，就跟那男孩吵架，能够找到来骂他的话都骂过了，还是不解恨。

　　这个男孩子就是孟凡斌，当时还在山西的野战部队当兵。在她的雷霆闪电之下，孟凡斌只好认错。后来大家到照相馆去照标准相，孟凡斌还邀请李春燕一起拍照，拍照前本来都是并排坐着，但因两个人都不服对方，在摄影师按下快门的一刹那，他们各自将身子扭向了一边。就这样，一张背对背的合影就成了他们人生中的第一张合影。

　　这次分开以后，两人就不断地书信往来。1997 年 9 月份李春燕上了卫校后，联系更加紧密，几乎每个星期一封信。一次，孟凡斌在信中说："今年我快要退伍了，回家种田种地之后，得买一台洗衣机来洗衣服。洗衣机的牌子我早已想好了，就买一台地地道道国产的'燕子'牌洗衣机，你同意吗？"

　　李春燕看了又喜又气，感到一场爱情即将降临到自己头上。她给孟凡斌回信说："你回来吧，等你回来我也卫校毕业了，黑笨牛，你想得真周到，但'燕子'牌洗衣机，目前只有一台，还不知道到时候落到谁家呢！如果你想买的话，退伍以后就到黎平来，我带你去选吧。"

　　信寄出去以后李春燕每天都在幻想孟凡斌回来的样子，同时也担心他来了以后自己该怎么办，特别是在信中约定了见面的时间和地点后，李春燕更担心了好久。当时学校里学生们正流行编织红玫瑰，她为孟凡斌编织了 99 朵红玫瑰，还亲手织了一条白色的围巾。

　　1998 年元月，李春燕还没有放假，刚刚退伍回家的孟凡斌就来到黎平。接到孟凡斌打来的电话后，李春燕暂时脱不开身，就让同学去车站接孟凡斌。但去车站的同学回来说他们找遍了车站，也不知道孟凡斌在哪里。她赶到车站就看见了他——当时他穿着迷彩服，坐在车站候车室的一把椅子上，埋着头，谁也不看。同学告诉李春燕，其实早就看见椅子上的孟凡斌了，只是看他那神态，完全不像是要来等人的，一直都不敢相认。

两人见了面，李春燕正要带领孟凡斌离开车站，孟凡斌递给她一个纸包，说了句"我完成任务了，我走了"。扭头就准备上车离开，李春燕感到很惊讶——从来没碰到过这样的人，说见面就只是见面，然后就要离开，让她好不尴尬。

当时李春燕在学校里有许多男孩追求，但没有一个像孟凡斌那样特立独行。听到孟凡斌的话，李春燕有点儿生气了，但还是强忍住怒火说："吃了饭再走嘛。"在车站边的一个小摊上，李春燕请孟凡斌和同学一起吃了一顿饭，结账时孟凡斌抢着付了钱。

吃完饭以后，李春燕打开孟凡斌送的纸包，是一头黑色的牛，许多同学一见就哄堂大笑。这头牛孟凡斌说是公牛，但李春燕说怎么看都像母牛，两人为牛的性别争论了好长一段时间。不过看过孟凡斌送给自己的礼物后，李春燕双手捧着亲手做的 99 朵玫瑰和那条白色的围巾递到孟凡斌面前，孟凡斌直往后退，边退边说："你的礼物分量太重了，我怕担待不起。"

看着孟凡斌不敢接受自己的礼物，一阵酸酸的感觉从心底流出来。李春燕对孟凡斌说："这些东西是我花几个月的时间做的，已经属于你了，你不要也好，你可以拿去丢进垃圾桶，拿去做什么都行。"孟凡斌似乎也感觉有什么不妥，一阵发愣。李春燕把玫瑰花和围巾都塞到他手上，孟凡斌才不好意思地把李春燕送的围巾围到脖子上。

分别的时候，李春燕邀请孟凡斌放假后到家里做客，他答应了。但孟凡斌怕李春燕的爸爸李汉民，担心他会刁难自己，就对李春燕说："我想是想来，但你家的门槛太高了，我不敢来。"李春燕对他说："你以看病为由来我家找我父亲看病。如果我父亲问是什么病，你就说是胃病，找我外婆要草药吃。外婆的胃病药比较独特，只能临时配药，但也得一个多小时才能配好，我们可以多说说话。"

李春燕放寒假后，孟凡斌如约而来，碰到了李汉民，结果在回答李汉民问话的时候，可能是因为胆小，也可能因为过度激动，语无伦次，连要草药的话都忘记了，李汉民准备给他开药。李春燕心里着急，就从里屋走出来，装模作样地表示很惊讶，给李汉民说，孟凡斌是自己的老同学，已经好几年没见面了，这次来是找外婆要草药的。

为了让孟凡斌退伍在家多待一些时间，李春燕让他在家里吃完午饭后再走。

在征得父母同意后，两人才装模作样地闲聊起来。坐在一旁陪孟凡斌来的朋友还逗他们说："你们赶快抓紧时间谈，要是一下子药配好了就没时间谈了，就该回家去了。"

这次见面两人一共待了一个多小时，虽然表面上都表现得很自然，但是心跳得都很厉害。而这次见面的最大成果，就是两人的距离又近了许多。

尽管这次见面成功地骗过了李春燕的父母，但还是被外婆发现了。对李春燕来说，小时候并不讨外婆喜欢，但长大后，外婆却是家里最喜欢她的一个。

在孟凡斌走了以后，外婆就一直在问小伙子是不是她男朋友，开始李春燕不承认，后来终于羞涩地点头承认了。外婆听了以后，很高兴地对她说："假如是真的，那么以后有一天我走了，总算看到我的三孙女婿了。他是个好孩子，不信，以后你自己看看吧！"

➡ 一双拖鞋感芳心

★★★★★

大洞村对李春燕和孟凡斌来说都不陌生，这里距离他们的家都是同样的距离，他们的初中生活也在这里度过。1999 年，县气象局在大洞村设立人工防雹增雨炮台，退伍在家干了一年农活的孟凡斌被人推荐，来到这里工作。这也是孟凡斌从部队转业后的第一份工作。

工作了两个月，孟凡斌领到了 600 元钱工资，李春燕的生日就到了。他揣着刚刚发到手的 600 元钱，先是花 81 元买了一双本地产的皮鞋，坐了四个小时的长途车后，很潇洒地出现在李春燕面前。

这是孟凡斌人生中拥有的第一双皮鞋。李春燕看到，穿上了新皮鞋的孟凡斌整个人也变得开朗活泼起来。她的同班同学见他来了，就嚷嚷着要他请大家喝酒。孟凡斌红着脸，很爽快地答应。

他找了一对大红塑料桶，径直跑到啤酒厂，花了 24 元，挑了整整两大桶鲜啤酒回来，足足有 60 斤。李春燕的男同学喝了孟凡斌的啤酒，都兴奋地又唱又跳，猜拳行令，而女同学则羡慕地看着幸福中的李春燕。

临近毕业，李春燕在从江县民族医院实习期间，一天天气非常炎热，孟凡斌来到医院看她，见她满身是汗，悄悄地在她耳边说："我做生意赚了几百块钱，你跟我一起到街上去，我给你买一些东西。"

两人一起上街，在县城里转来转去，总是感觉那些东西都太贵，结果转了一圈，什么都没买，两手空空地回到医院。孟凡斌感觉很失落，唉声叹气，东张西望。

但当孟凡斌的目光移到李春燕的脚上时，目光定了定，对李春燕说："你等一下，我马上就回来。"还没等李春燕缓过神来，他一转眼消失在大街上。李春燕只好继续在宿舍里等待。

没过多久，孟凡斌气喘吁吁地跑回来，手上拿着一双蓝色的泡沫拖鞋，对李春燕说："我看你没有拖鞋，我给你买了一双回来。当时老板喊价四块五，我砍到了两块五。"

△ 李春燕和孟凡斌在一起。爱情的成功需要缘分，但更需要坚持（李春燕提供）

这双拖鞋是孟凡斌送给李春燕人生中印象最深刻的第一件礼物，李春燕特别感动。她想，如果孟凡斌支持她在毕业后建一个卫生室，就答应嫁给他，如果不支持，就跟他分手。

孟凡斌究竟是不是值得李春燕托付一生的人呢? 带着这个疑问，她 1999 年来到了大塘。

去看大塘未来家

首听公公革命史

★★★★★

1999年端午节，李春燕身穿当年最流行的T恤、短裤，留着齐耳短发，应孟凡斌的邀请来到大塘村。当时他们的恋爱已经获得李春燕父母的理解，但孟凡斌的家庭对此却一无所知。

孟凡斌的家在大塘村八组马鞍寨。尽管大塘村很大，但这是一个很小的寨子，只有50多户人家。这个寨子周围是一大片树林，好几棵几百年的古树枝繁叶茂，遮天蔽日，一大片楠竹围护在大树脚下。李春燕觉得这是个生活的好地方。

当时正值农忙季节，大人都出去了，村里静悄悄的。第一次进孟凡斌的家门，进到孟凡斌的房间，李春燕对一切都感到新鲜。孟凡斌的床上，除了一套叠得整整齐齐的军用被褥和几套旧军装外，就什么都没有了。

家里没有其他人，他们就坐在长凳上等待。

天渐渐地暗下来，村里在外干活的人陆陆续续回家。孟凡斌家楼梯上，也传来一阵阵的脚步声。一位黑衣老妇走进来，衣服破破烂烂，60多岁，显得特别老。孟凡斌见了，迎上去对她耳语了几句，她走到李春燕面前，笑了笑道："你来啦妹呀！"孟凡斌在一边介绍："这是我妈。"李春燕站起来，轻轻地叫了一声："伯母！"

说话间，孟凡斌的家人陆陆续续回来了，全家人穿得破破烂烂。孟凡斌的爸爸很热情，刚坐下不久，就带着李春燕在走廊上，指着远方闪烁灯光的地方说："妹哦，你过来看看，看那边……再看这边……我们家在这里坐得高、看得远……我们是坐北朝南……"

这次，通过孟凡斌的老父亲，李春燕还了解到——大塘村耕地很少，包括水田和旱地在内，每个人平均只有半亩地；大塘村还十分缺水，一年有一半的时间缺水，到了冬天，每家每户都要派专人去等水，挑一次水要等待好几个小时；到最干旱的时候，许多人家就只有挑水田里的水回家做饭。因为饮水不卫生，大塘村生病的人很多，胃肠道病人不断。

李春燕还了解到，孟凡斌家人生病的时候，也要跑到很远的地方去请医生，但最主要请的是李春燕的爸爸李汉民，两地距离远，来回跑步最快也需要两三个小时，还不一定碰到他。大塘村人一些急性病发作时，病人痛得在床上大喊大叫，家里人想到医生要到两个小时后才可能到来，很多时候只能悄悄落泪。

△ 孟凡斌的父母，李春燕的公婆（黎光寿摄）

李春燕还了解到，孟凡斌的爸爸是建国初期的老干部，1950年前后，他参加了土改工作队，在从江成立农会，打土豪，分田地。解放后，凡斌爸当过乡长、厂长等职务。但因为没有文化，历次干部提拔都与他无缘。就这样，他在大塘村支书的位置上一坐就是31年。

大塘村在凡斌爸的领导下，也曾经有过一段辉煌的历史——20世纪70年代，大塘村曾建立了小型水电站，让大塘村率先用上了电。大塘村民还被分为几个专业队，有的种粮食，有的种甘蔗，有的植树造林，有的养猪养牛……大塘村还在此基础上建立了面条厂、糖厂。

当时的大塘村还修通了公路，贷款买了一台拖拉机，县里又奖励了一台拖拉机。村里的干部外出开会，都是用拖拉机接送，而当时公社干部下村，一般都只能步行。村里为了更好更快发展，还选派了6个青年外出学习驾驶。

但天有不测风云，1980年前后，一把火把建在村中央的电站办公楼烧得精光。这栋楼里保存了全村人辛苦积攒的所有财富。当时面条厂、糖厂也设在这个办公楼里，也未能幸免。被烧光的时候，大家哭得撕心裂肺。

从此后，大塘衰落了。

凡斌爸为人正直，不谋私利，在30多年的村干部生涯中，从没有在他的职位上捞到什么个人利益……1983年时，有人要查他的账，翻遍了解放以来大塘村30多年的账本，只有5分钱对不上账。

作为干部，需要经常参加乡里和县里的一些会议，也需要参加村里的一些会议，并需要组织人员从事一些村庄建设的活动，而这些活动，不仅很多没有报酬，而且还占用自己的生产生活时间，在这样的情况下，干部的清廉从一定意义上就是付出，很大程度上就意味着贫困。

1994 年，孟凡斌家的房屋被大风吹倒了，但家里没有能力修复，全家十几口人只能暂住在村委会的小会场里。

➔ 心上人儿本同门

★★★★★

还没有到孟凡斌家之前，孟凡斌就对李春燕说："我家很穷，兄弟姐妹多，从小到大，到当兵之前，我还没穿过一件真正属于自己的衣服，更没有一床属于自己的被子。"李春燕将信将疑地来到孟凡斌家，尽管已经有一些心理准备，但所见所闻还是让她吃惊。

孟凡斌生于 1974 年农历十一月二十八，小时候长得又黑又壮，眼睛很大，大家都喜欢叫他"黑水牛"。他有一个哥哥和六个姐妹。因为父亲正直，家里兄弟姐妹又多，家里经济一直很困难。

一次过节，凡斌妈借来五元钱买了一挂鞭炮，让孟凡斌兄弟俩分开来放。孟凡斌想都不想，接过鞭炮就用点燃的香烧鞭炮中间的导火线，想把鞭炮分开，结果鞭炮导火线碰到火一下子全炸了，五六个兄弟姐妹被吓得大哭。大哥很生气，跑过来就扇他耳光，他也知道自己做了错事，用被子蒙住头，任凭大哥发落，一声不吭。

1980 年，大塘村有一户买了一台黑白电视——这是大塘村的第一台电视，全村孩子都感到很新鲜，每天都到那户人家看电视。孟凡斌和哥哥也去，走到那家人门口，人家就是不放他们进去，还对他们说："你们爸爸做了支书这么多年，难道就没有钱给你们买台电视？"

大哥孟凡昌比孟凡斌大九岁，但为人很老实，别人怎么欺负他都默不作声，16 岁就娶了媳妇；而孟凡斌喜欢打抱不平。有一次，兄弟俩去看电影，大哥被别人欺负，孟凡斌冲上去和别人打了一架。

因为家里穷，孟凡斌上初中时没有被子，在学校住宿都是与同学挤在一张床上。放假回家，除了在家吃饭，晚上都是到别人家去找床过夜。但孟凡斌的学习成绩很好，没有钱交学费，学校老师为了不影响他的学习成绩，免去了他初中每个学期的费用，他也从来都不辜负老师对他的期望，年年被评为三好学生。

李春燕和孟凡斌尽管来自不同的村庄，但都是大洞中学的同学。李春燕上初一时，孟凡斌已经上初三了。每次学校发奖状，别人都是走上去的，只有孟凡斌是快步跑上去，领完奖后又急急忙忙地跑回去，惹得全校师生捧腹大笑。

△ 孟凡斌在山西当兵（李春燕提供）

后来李春燕才知道，孟凡斌是因为没有鞋穿，衣服又破，怕被台下的同学看自己的笑话，才选择了跑步。再后来她才知道，凡斌爸对孟凡斌有规定，一年只能穿两双鞋，春夏秋三季穿一双凉鞋，冬天穿一双胶鞋，如果烂了就只能打赤脚。

初中毕业，孟凡斌是大洞中学公认的最有前途的学生，老师们都希望他能读高中，将来考一个大学。大洞中学的老师对孟凡斌说："如果你家不能支付你上高中和大学的费用，我们全体老师拿钱给你，供你上高中、考大学。"

但孟凡斌选择了从军的道路。他拒绝了老师的好意，1994 年冬天，背着背包到山西大同当兵去了。1997 年李春燕和孟凡斌认识后就一直通过书信联系，1998 年孟凡斌复员回家，两人确定了恋爱关系。

和孟凡斌的恋爱最初遭到父母的强烈反对，只有外婆支持李春燕。全家吵架时，外婆说："这孩子宽眉大脸的，到时候总会有出息。苗家又怎么了，只要良心好，就是好人，像这种诚实的人到哪里去找？我不喜欢那些天天吃喝玩乐的人……你们不同意，我同意。"

1999 年秋天，李春燕从学校回到家，发现水田里的稻谷没人收，爸爸妈妈已经年老了，而大哥大嫂都在县城工作，村里的人都在各自奔忙，请不到帮忙的人。李春燕就问父母能不能让孟凡斌及其家人来帮忙，父母终于同意了。

这次，李春燕给爸爸说了自己的见闻和打算。听女儿说准备去大塘村创办卫生室，李汉民马上表示支持，他说："去大塘很好，那里的人也需要你。那里人多，看病的也多，养活你不成问题。"

留在大塘有价值

到了大塘离不开

★★★★★

2000 年 6 月的一天，孟凡斌一大早就气喘吁吁来到李春燕家。李汉民忙问是怎么回事，他说是爸爸病倒了，特地来请李汉民去看爸爸的病。但李汉民正忙于出诊，问清凡斌爸的病情后，给孟凡斌开了药，让李春燕带着药和孟凡斌一起去大塘村。

李春燕带着 100 多块钱的药来到大塘。凡斌爸的病情极重，脉搏很弱，发音不明，痛苦难受。她觉得自己的到来，不一定能直接治好凡斌爸的病，但对病中的老人应是一份心理安慰。

检查之后，李春燕先给凡斌爸打针，然后给他口服药。中午，凡斌爸的病较前减轻，说话开始清楚了。第二天一早，凡斌爸高兴地说身体好了，中午还去地里干活，但因身体还没有完全恢复，干活还是有些吃力……李春燕又继续为他治疗……第三天，凡斌爸的病情又好了很多。

凡斌爸的病刚好，孟凡斌的二姐夫又病了。李春燕看后，对症治疗，病情好转。

紧接着陆续有村民来找她看病。

李春燕发现，这次来到大塘就出不去了，每天都有病人找上门来看病、打针。从家带来的药物和针具很快就用完了，她又回家拿了一次，也很快就用完了。

凡斌的家族也逐渐了解李春燕是医生，能够看病打针，来找她看病的人越来越多，几乎招架不住。李春燕感到困惑的是，来找她看病的人基本上都没有钱，她从家里拿来的 100 多块钱的药，只收到很少的药费，其他人的药费只能记录在本子上。

这次来大塘，李春燕更深入地了解了这个村庄悲苦的历史和惨痛的现实。

大塘村地势比较高，每年都缺水，尤其是每年秋天以后到第二年四月份雨季来临前，更是滴水贵如油。由于缺水，大塘村许多人不能按时洗澡，卫生习惯很差，由此导致了许多疾病。

在孟凡斌家，李春燕开始在给凡斌爸治疗的时候，她感觉要让大塘村民养成讲卫生的习惯，就要从凡斌爸这位老支书做起——她打来温水给凡斌爸洗脚，还给凡斌爸妈洗头。因为水很珍贵，她决定在给凡斌爸妈洗头的时候，采用干洗的方法，节约用水。

孟凡斌家人为李春燕不嫌弃自己而感到亲切，而周围的村民总是羡慕孟凡斌找了个好姑娘。

李春燕还了解到，大塘村曾经有两个受过简单培训的医生，他们在20世纪60年代分别受训两个月后就上岗。从常识来说，他们还不具备医生的基本技术水平，但这在许多地方已经算是很高水平了。

赤脚医生制度依托新中国在20世纪50年代建立的集体经济而建立，但20世纪80年代后集体经济解体后，原有的合作医疗失去了存在的基础，大塘村的两位医生只能靠开私人诊所给人治病收钱维持。李春燕这次到大塘时，这两位年事已高的村医因长期治病收不上钱，已不再做医生。

没有医生的结果，就是谁生病了，要么花两三个小时抬到5公里以外的乡卫生院或20公里外的县医院去治疗，要么花高价请县里的汽车拉病人去县城，更多人往往"小病拖来大病磨"。许多病人无法就近治疗，有些病人根本来不及治疗就死了。

当时村里的新生婴儿，有的因喂养不当，营养不良；有的因卫生太差，疾病缠身；有的因缺少医疗知识，明明一点小病，硬是死扛着，错过了治疗的最佳时机，不是过早夭折，就是一副病恹恹的模样。

这次在大塘村，李春燕眼睁睁地看着一些病人被折磨死去而无能为力，心里一阵阵揪心地疼痛；有的即使拉到了医院，也因为支付不起大笔治疗费，陷入贫困泥沼，一人得病，两代还钱。她看到的这些因病致贫、因病返贫的现实，和一个个活生生的惨痛经历，与她读卫校时所憧憬的未来简直就是天差地别。

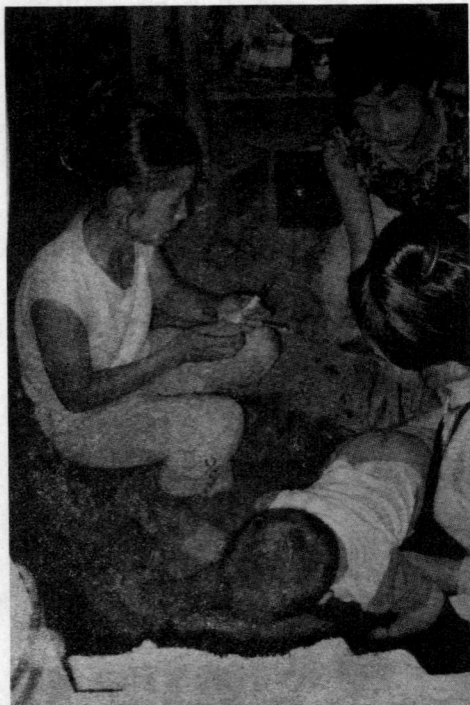
△ 李春燕正在给村里的孩子治病（黎光寿摄）

李春燕的爸爸李汉民在人民公社解体后在乡医院当院长，但是他所负责的村很多，很难兼顾具体某一个村的防病治病的任务。大塘村只是李汉民所负责的村寨之一，许多时候村民生病了去找他，听到最多的就是"李医生出诊去了"。

承诺建个卫生室

☆☆☆☆☆

第一次大塘之行，李春燕就深深地喜欢上了大塘村和孟凡斌的家庭，她觉得孟凡斌的家人对自己很和气很友好。第二次到大塘，李春燕发现这里很需要她，这里适合她学的专业，她来了就走不了。李汉民也多次对她说，农村没有医生，农民就是命苦，她在农村开办一个卫生室会大有作为，尤其是在大塘。

经过了两次大塘之行，李春燕看着孟凡斌，就会想到他不幸福的童年，也会感到他的坚强和豪爽，泪水就悄悄地流了下来，说不清是什么感觉。她又想到了孟凡斌第一次到自己家时，外婆对自己说的话："你看他浓眉大眼的，就一定是个好孩子。"

李春燕觉得，孟凡斌的贫穷，不但不让她离开他，反而增强了嫁给他的决心。她想，家庭穷并不代表一辈子都穷，她觉得，只要两人婚后共同去努力，一定能战胜困难，一定能有一个温暖的家和美好的未来。

李春燕还注意到，当时她作为一个还没有结婚的姑娘，没有跟孟凡斌结婚而长期住在孟凡斌家，尽管是给村寨里的人看病治病，也引来不少闲言碎语。

为了早日融入到这个家庭，也为了能够尽快地给病人解除痛苦，李春燕给凡斌说，她愿意跟他到大塘，希望两人能尽快结婚。孟凡斌听了，又惊又喜，对李春燕说："你要考虑好了，我家穷，你来了就要受苦受累。不过你放心，你要我建的卫生室，我一定会给你建一个像样一点的。"

没过多久，李春燕就和孟凡斌订婚了。孟凡斌所在的大塘村以苗族的习俗为主，更接近传统，而李春燕所在的宰略村以汉族的习俗为主，更接近现代。

苗族和汉族的订婚方式大不相同，苗族在订婚时，男方家只需派一个人，拿两瓶酒，还有一个盛满糯米饭的竹饭盒，再加上一只作为订婚礼物的银手镯，到女方家去。而女方家则摆上一桌酒菜，将家族的长老全部叫来，在酒桌上以唱歌的方式来交涉。

如果父母同意了，还要征求女儿的意见；如果女儿也同意了，就把女儿叫到酒桌上来，向媒人敬上一杯酒，并用歌唱来示意自己的父母打开男方家送来的酒，现场喝了，并绑上一只母鸭子，让媒人带回男方家；如果姑娘不同意，就给男方家派来的人敬上一杯酒，用唱歌的方法拒绝。

当时孟凡斌还在位于大洞村的炮点工作，工资很低，在聘礼上，李春燕对他基本没提什么要求。李春燕家只是向凡斌要了一头猪、几十斤糖做聘礼。但孟凡斌也学着社会上流行的方式，给李春燕买了两套衣服，一对金耳环，还有一枚戒指。

订婚的时候，孟凡斌充满歉疚地对李春燕说："本来我还想给你买一条金项链的，可是已经没有钱了，只有等到结婚的时候再补上了。"

李春燕回答说："项链就不必了，我只希望你兑现你的承诺，一定要给我建一个卫生室。"

"为了你对我的爱，无论是砸锅卖铁，都要给你办一个像样的卫生室。"孟凡斌说。

订婚当天，孟凡斌的家族特别高兴，爸爸杀了一头100多斤重的猪，整个家族热闹了好几天。凡斌爸逢人就说："我家有了一个做医生的媳妇，以后生病了就不用到处找医生了，你们有困难就到我家来。"他还经常在别人面前夸李春燕是个好媳妇，整天乐呵呵的。

其实当时两人的订婚还有一点冲破世俗隔离的感觉——李春燕出生的村寨汉族多，爸爸也是汉族，而大塘村主要是苗族。在许多苗汉杂居的地方，由于历史上的遗留问题，少有苗族和汉族通婚的先例。他们订婚以后，大塘村的苗族和汉族男女青年都以他们俩为榜样，接二连三地订了婚，从此打破了苗汉不联姻的传统。

根据当地苗族的风俗，一般男女订婚后，男女分居半年或者一年，待男方筹备了足够的彩礼钱和结婚用的猪肉、酒、米等物资以后，双方才办喜宴结婚。

李春燕为了能够尽快在大塘开办卫生室，为村里的人看病治疗，订婚后，就直接住到孟凡斌家里。

在李春燕离开家前往大塘的那天，还在乡卫生院做院长的爸爸对她说："要想生存，你就得从现在开始，好好地去做，不管多苦，不管多累，你都不能离开大塘，因为你是大塘唯一的医生！"

好事一般多蹉跎

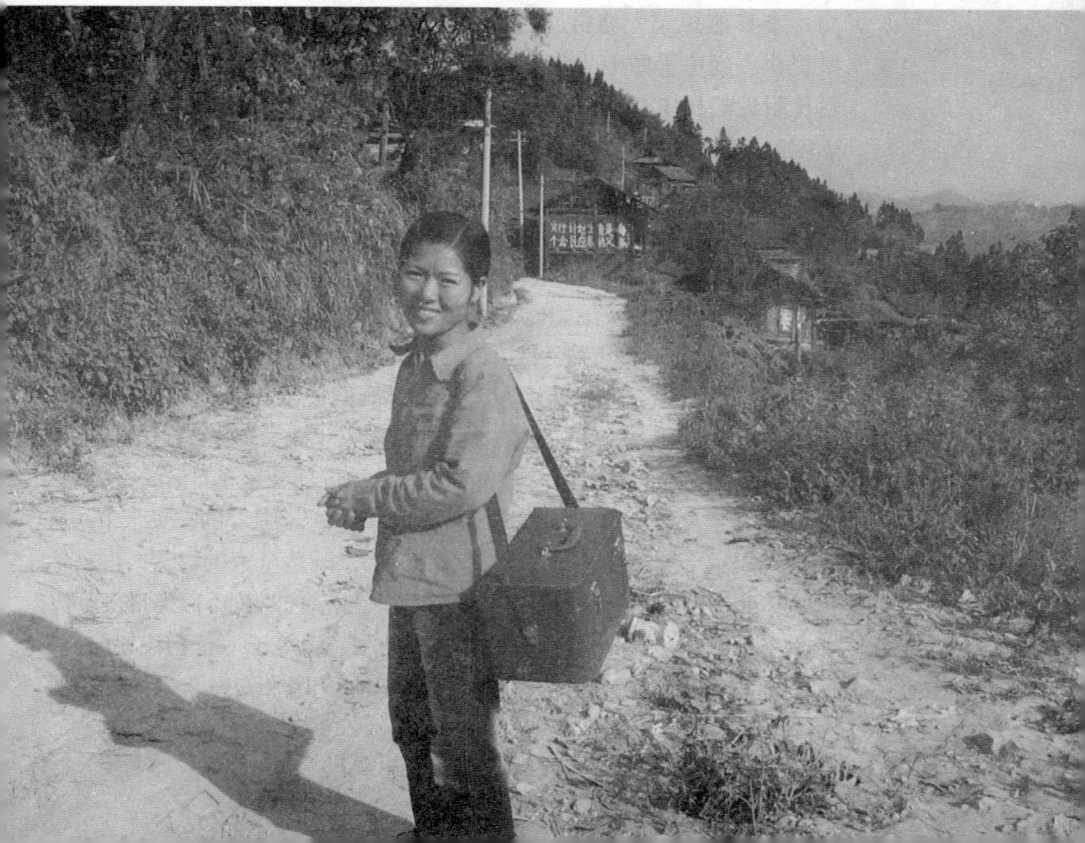

大塘竹篮小医生

★★★★★

　　刚到大塘时，没有卫生室，也没有任何医疗器具，李春燕所学的知识还派不上用场；刚刚建立的小家庭也需要一定的事业来支撑。她暗下决心，一定要开办一个卫生室，以求为群众做点有益的事情。

　　她最初的想法就是，门诊开业后，既可以为群众看病，也可以养家糊口，两全其美。当时她想，大塘有500多户，2600多人，病源还是比较多的，假如每天看上十来个病人的话，不光能养活自己，还能养活全家。

　　但办一个卫生室需要哪些条件，她一点都不知道，只有跑回家去问爸爸。李汉民说，要建一个卫生室，首先要有一个房子，如果房子已经有了不用考虑，光是买些简单的设备和药，最少也需要2000元。

　　李春燕想起大塘村过去的辉煌——如果是1970年代，大塘村给她提供一间房子做卫生室，应当是一件很简单的事情，因为当时大塘村比附近的村庄都富裕，而且有许多房子，拿出一间来做卫生室，一点困难都没有。

　　但李春燕要建卫生室的时间在2000年，大塘村是一个"空壳"村，村里没有什么经济实体，村集体更谈不上拥有什么企业，只有一栋村委会办公楼，村党支部、村委会、村妇联等部门都已经在一起办公，根本没有剩余的房子给她做卫生室。并且她作为村医，也只是一个个体户，自收自支，自负盈亏，更没有资格享受集体的财产。

　　她跟孟凡斌及其家人商量，家人说既然还没有房子，也可以在家里给人看病，家人生病的时候也可以照顾家里人。她想，自己从县城批发一些药物，回村里加一些价钱出售，加价部分就是自己的报酬。

　　当时孟凡斌家里唯一值钱的就是凡斌爸长年喂养的三头水牛。这是他老人家一年到头住在牛棚割草养大的，既是全家的财富，也是他们晚年的精神寄托——有了牛，就可以很轻松地打发他们无聊的时间。

　　李春燕想："如果要打这三头水牛的主意，等于一下子用完了他们的全部家当和心血。那是他们除了儿孙以外，用来安慰余生的最重要

△ 李春燕新建卫生室的内景（黎光寿摄）

的一份财产，他们会答应吗？"她觉得，无论出于什么样的理由，于情于理都不应该去打那三头水牛的主意。可建卫生室的资金从哪里来呢？

李春燕控制自己，尽量不去想那三头水牛的事。但一天中午，李春燕回到家里，就听说凡斌爸的三头宝贝水牛被牵走了两头。

晚上，吃完饭后，全家人围坐在一起，借着昏黄的灯光，凡斌爸把卖牛的钱数了数，无声地递给李春燕，善良的婆婆坐在一旁，双手笼在袖子里，默默地看着这一切，一句话也没说。

这些钱一共有2000多元。接到钱的那一瞬间，一股暖流涌进李春燕心里，她心里充满了感激和羞愧，不敢看老人的脸。她在心底里发誓，一定要把卫生室做好，决不给老人丢脸，不给自己抹黑。

李春燕拿着这2000多元，到县里全部用来买药，可放在桌上时她傻眼了——这些药只有小小的两箱。更窘的是，李春燕行医用的医疗器械——药箱、镊子等都还没有买。她想，药箱就用一个竹篮代替——那个竹篮很美很精致，是她刚到大塘时孟凡斌的大姐夫给她编的。可镊子却还没有着落——这可是做医生的必备工具。

李春燕到医疗器械商店看了一下，发现一把镊子需要20多元。她犹豫了半天，还是舍不得买。她跑回宰略，向爸爸李汉民说，希望能够给自己一把镊子。

但李汉民一点面子都不给，对李春燕说："你要自力更生，自己想办法去买，不要打我的主意。"她不甘心，趁爸爸不在时，从他抽屉里悄悄拿了一把。

2000年8月6日，李春燕心爱的卫生室诞生了。孟凡斌的家人给她做了个木头药架，没花一分钱。孟凡斌的父母给了她一间小小的屋子，她把药架搬进去，就算是药房和门诊室。里边放着一张桌子和一张很简陋的床。那2000多元卖牛款买来的药，和那个小小的竹篮，还有从爸爸那里拿来的镊子，一并摆放在药架上，望着这一切，李春燕心里热乎乎的，充满了欢快和幸福。

小门诊建起来了，她把订婚时父亲对自己说的话藏在心里，她觉得那是爸爸给她最好的一件礼物，就像心中的一束花，也像心中的一颗芽，浇过泪水，绽放着微笑慢慢地走过。她想，这是丈夫陪自己走过阳光和风雨的开始。

她在日记里写道："我将永远将它种在心房，无论未来需要多少年，不管期盼有多遥远，我们的生活的每一个悲伤快乐的日子，将化成一份礼物，伴随着我们一天天地苍老，愿这份礼物会永远让所有的患者得到快乐和健康，无论有多累，有多苦，也值得！"

→ 帮人还要先求人

★★★★★

门诊诞生的第二天一大早，李春燕就挎着竹篮开始了自己的职业生涯。她行医的设备只有两把止血钳、一把剪刀、一把镊子、一个听诊器和一支体温表，还有一个小竹篮。

李春燕提着竹篮在村里走，只要碰到人，都会告诉他们自己开始行医了，大家以后有什么问题就来找她。可是人们并不领情，在她提着篮子给人看病的时候，旁边的人风言风语地说："你看她那样子，小小的姑娘，提着篮子装药，能帮别人看病吗？"

万事开头难，她觉得在自己刚开始的时候，人们这样说是很正常的，只要自己坚持下去，只要自己能为人看病，就能用行动去改变他们的观点，证实一切。

第一次有病人上门看病，李春燕一问患病原因，感觉和老师讲的有点不一样，她立即翻书对照，看看症状是不是和书上讲的一样，然后再翻翻在县医院实习时记录的用药笔记，最后找到了解决办法。

孟凡斌看到她的窘态，取笑她说："你这个江湖郎中，如果是危重病人，都像你这样，等翻书看完笔记再来用药的时候，别人早就没命了。"孟凡斌的话引来了母亲的干预，坐在一旁的凡斌妈生气地对孟凡斌说："不要乱说，慢慢看。"当时正坐着量体温的病人也笑了。

时间如白驹过隙，过得很快，很快就到冬天了，李春燕也初步获得了村民的认可。

有一天，她到大塘村刚边寨去给人看病。天下着小雨，路很滑。一位姓吴的村民找李春燕去给他老父亲打针。在给老人打针时，隔壁有个小孩在哭闹。

处理好吴家老人的事情后，李春燕到隔壁去看，发现小孩才 2 岁，正在发高烧，妈妈抱着他哄着。李春燕对孩子的母亲说："你孩子发烧这样厉害，喂药了吗？"孩子母亲道："不喂。不用吃药！"

李春燕要给孩子看病，但孩子的母亲抱着孩子，就是不给看。李春燕看着她，觉得又可怜又可气又可恨，心里为孩子着急，但是一点办法都没有。

第二天李春燕又去给吴家老人打针。打完针后发现，隔壁的孩子还在发烧，

△ 得到村民的认可后，李春燕很高兴（陈剑摄）

眼睛都睁不开了。李春燕跟孩子的家人说："赶快打针吧。"

"不打，没钱！"孩子的家人这样回答李春燕。

"这孩子比昨天更厉害了，就算这次我帮他打一针，不要你们的钱，孩子这么金贵的，只有前悔，没有后悔，行吗？"反而像李春燕在求孩子的家人给自己打针一样。

想了很久，孩子的父母终于答应让李春燕给孩子打一针。

第三天早上，李春燕又去给吴家的老人打针。孩子的母亲抱着孩子也来到吴家串门。李春燕问，孩子是不是好多了，孩子的母亲说："好多了！"

但这名妇女坚信是她孩子的生命力旺盛的结果，而不是李春燕打针治疗的结果。当时的大塘村，许多人都还不相信打针吃药能够救命。

一个星期六早上，乡医院的莫医生背着防疫药箱来到李春燕家，让李春燕陪他去走村串寨打预防针。但他们从早上走到中午，走了10户人家，有8家见到他们背着药箱时，背着或者抱着娃娃就跑，有的把门关好，不让他们进门，不管他们怎么叫也不开门。

跑了一整天，冰药箱里的疫苗变热了。该疫苗只能在冷藏条件下才能保存，变热了就失效了，他们只有把这些疫苗处理掉。

再后来，一对夫妇背着4岁的娃娃，来到孟凡斌家找李春燕打针，原来是孩子感冒了。这对夫妇说，孩子几天前发高烧，还不严重，后来严重了，他们听人说李春燕会打针看病，就来试试。李春燕诊断后说："孩子生病的原因是因为不吃糖丸，不打预防针，才经常生病的！"

这对夫妇半信半疑。直到李春燕把小孩治好后，他们才相信她的话，并主动地帮李春燕做宣传。

⊙→ 泪流因人喊"医生"

☆☆☆☆☆

在一个没有医生的村庄，要让人们相信一个外乡来的人能够为大家解除痛苦，是非常艰难的。在大塘村，尽管李春燕一开始就给一些人治好了病，但还是没有人相信她，她的医生之路走得特别艰难，自从她抢救了一位醉酒的病人之后，她的处境才逐渐好转。

那位病人姓王，42 岁，家里特别困难，他妻子经常生病，有一次他多喝了一点儿酒，昏醉过去，过了好长时间都没有醒过来。家里人以为他死了，老老少少哭声一片。家里有人想把他送到县里的医院看看，路又远，又没有车，来不及送去。只有在家里准备后事。

在这个家庭陷入混乱的时候，他的家人想到了李春燕，派人来叫李春燕，看能不能把他救醒。李春燕听到这个消息后，抓上小竹篮就出发了。

李春燕到他家的时候，看到他一动不动，也有些害怕。拿手试他的皮肤，已经冰凉了，只是鼻孔上还有非常微弱的气息。李春燕认为，这位村民没有死，于是决定给他输液。

一边忙着给他输液，一边还要给他家人做思想工作，让他们放松下来。

一瓶输完了，两瓶输完了，还是没有反应。在哭声中，李春燕也有点拿不准，心里也开始发慌了，手心急得直出汗。她想，用最大的努力去救他，希望他能够醒过来……结果，三瓶输进去时，他的手动了动。

又过了十多分钟后，他睁开了眼睛，说了一句大家想不到的话："你们哭什么，吵死了！"

有话说"人死不能复生"，但被大家认为死了的他却活了过来，他的话让他家人破涕为笑，哭声变成了笑声。

看到这个家庭高兴的样子，李春燕也感到很高兴。在她的内心里，只要这个家庭的成员都能笑起来，就说明她的判断和方法没错，就是她作为一个医生的最大的安慰。

自那以后，找李春燕看病的人渐渐多了起来，甚至外村的病人也翻山越岭来找她。为了更好地方便交流，让村民尽快接纳自己和相信自己，在丈夫和家人的帮助下，李春燕学起了苗语。从此以后，不管是什么样的病人，只要找到她，她都给他们治疗。

有一天，一个病人来找李春燕，一进门就叫了一句"李医生"。这句话让李春燕高兴得流泪——到大塘村这么久了，终于得到了这一声称呼，说明群众已经从最初的怀疑、观望，甚至拒绝，终于接受了自己，认可了她这个乡村医生。

从那以后，李春燕的自信心也增强了，每天挎着小竹篮外出给村民看病，不管路上有谁说什么，她都能坦然面对。李春燕认为，无论做什么事情，只要是真心付出，都会得到真诚的回报。

人间"天使"有含义

痊愈全靠小金鱼

2001年春天，李春燕碰到一个病人，叫王岁山，12岁，患的肠套叠。这是小儿常见的腹部急症之一。这种病本应该去大医院做手术，但王岁山不跟医生配合，三番五次跑回家，医院不敢收了。

王岁山的父母为了这个宝贝儿子，不知去请了多少医生，也花去了家里所有的钱，还是没有办法治好他的病。时间长了，王岁山的病越来越严重，有时候痛得在床上打滚嗷嗷叫，一家人坐立不安，最后找到了李春燕。

从王岁山家到卫生室一共有五六里山路，最开始王岁山也不愿意配合李春燕，不愿意到卫生室来，就只有让李春燕每天步行去给他看病，来回跑两次。第一天，李春燕失败了，王岁山死活不肯配合打针治疗。第二天李春燕又去，王岁山还是不肯打针。

李春燕一点办法都没有，只有陪他坐在火塘边的草铺上。她想："再不能像昨天那样灰溜溜地回去了，一定要想办法让他接受我的治疗。"她想到了小时候编的小金鱼，许多孩子都很喜欢，他会不会也喜欢小金鱼呢？李春燕拿出一根很细很细的塑胶管，就在草铺上旁若无人地编起小金鱼来。

王岁山看到小金鱼，喜欢得不得了，在李春燕面前晃来晃去，眼睛里充满了渴望。李春燕问王岁山："想不想要啊？"王岁山听了，一把抓住小金鱼，爱不释手。李春燕说："你如果想要得到小金鱼，就一定要听我的。"王岁山尽管很不情愿，但实在太想得到小金鱼，向李春燕点了点头。

打完针，李春燕对王岁山说："如果你每天都听话打针，我每天给你做一条小金鱼。"为了每天能得到一条小金鱼，王岁山也答应了李春燕的条件。后来，王岁山慢慢地喜欢上了李春燕，也离不开她了。再后来，王岁山的病情只要一复发，他就让家人去找李春燕给他打针。

病急乱投医，王岁山的父母在请李春燕给孩子治病的同时，也请了别的人。

人间"天使"有含义

有一天李春燕给王岁山输完液回家，王岁山的家人请来个不知哪里的老太太来看。老太太说王岁山的肚子里有乌龟，在肚子上扎了六次火针。这火针实际上就是一根弹棉花针，是用一根六号铁丝一般粗的钢针磨成的，用火烧红以后直接朝肚皮上扎，肚皮上直冒烟，针口深约一厘米，王岁山的尿一下子射出去几米远。

第二天，李春燕又去给王岁山打针。见到李春燕，王岁山像找到了依靠，脱下衣服给李春燕看，对她说："你看，昨晚那个鬼老太弄的，她拿针扎我好痛，我恨死他们了。"李春燕看到，王岁山的肚皮上有六个伤口，已经全部化脓。李春燕很气愤，好不容易才把王岁山治得刚刚好一点，但孩子的父母什么都不懂，好心办坏事。

以好心为名对王岁山的加害还在持续。有一次李春燕来到王岁山家，正好看见两个人拿着两只大红公鸡和一只鸭念咒，而王岁山却滚在床上痛苦地呻吟。李春燕不顾那两个人碍手碍脚的动作，急忙给王岁山打针。

一针下去，王岁山稍微稳定了，当着那两个人的面，他对爸爸说："爸爸，我现在病得这么重，你们经常请来他们为我念咒，每次都杀鸡杀鸭的，你们在我面前大口大口地吃肉，而我又不能吃，他们为我念咒一点都不好，你就不知道留着这些鸡鸭，等李医生给我治病好了，再杀给我吃不行吗？"

爸爸听到这些话，扑到王岁山身边，用脸贴着孩子的腮帮，手不停地摸着孩子的头，满脸泪水，哽咽地对孩子说："好孩子，爸爸糊涂了，糊涂了，爸保证，今后再不请他们了。"那两个人看到这一幕，也说："孩子说的真对，其实连我们自己都不知道在念什么，只是学着古老的做法罢了。每次别人找我们的时候，我们也是很不情愿这样做。"

干扰暂时解除了，李春燕还是每天给王岁山去打针，编织小金鱼。对李春燕来说，小金鱼的故事是那么的漫长，那么的痛苦。她每天都得沿着去王岁山家那条弯弯曲曲的小路来来回回，甚至有时候需要半夜里去，孟凡斌还被拉起来陪同一起去，以求在路上有个照应。

王岁山每星期的固定药费是 250 元，家里早都被挖空了，没有钱支付，完全靠李春燕的倒贴来帮助，当时李春燕的周转资金又少，倒贴了三个月之后，她的钱就没有了，接下来她开始动用孟凡斌开农用车赚来的钱。

王岁山的父母也不知流了多少泪，他们经过了几个漫长的冬天、春天、夏天和秋天，大树落了叶又开始发芽、开花、结果、落叶。不过，不管是天晴下雨路滑，还是白天夜晚，只要叫到李春燕，她都会去。

李春燕发现王岁山的父母还是时不时地到处乱请人给王岁山看病，总是让她的努力半途而废，李春燕跟孟凡斌商量，将王岁山接回家里治疗。接到家后一个多月，患病几年的王岁山康复了。

看见王岁山病好后活蹦乱跳的样子，李春燕感慨万千，她在日记中写道：

自从阳春三月初开始按时走进你的家门。你消瘦的面孔，骨瘦如柴，一位年仅十二岁的你——王岁山！一位多么需要治疗的孩子……

三月正是百花争艳的时节，谁会想到在这个角落还会有一颗幼小的心灵在轻轻地呻吟着，等待着。谁会知道他等待的是死亡还是等待着白衣天使拉他一把，走向美好的春天……

一天过了一年，度日如月，度月如年的家人多少人在为你祈祷……

花开的季节已过，树上挂满了美味可口的水果，你整天待在那个黑暗而惨痛的角落里可知道鲜果的甘甜？！一度又一度，一天又一天，树上的果子可被早晚上学归来的孩子们摘完，你的病情才稳定……

苦苦地为你治疗，你父母的爱是多么伟大，可爱！你从死亡中终于回到了他们的身边，直到五月底，你站立起来了，你真可爱啊，真是一棵小小的病苗。

→ 柳妈命还杀狗谢

☆☆☆☆☆

2001年8月份的一天，晚上12点钟，家人都已经入睡，突然有人敲门。打开门才知道，是离孟凡斌家三四里之外的王家人来找，让李春燕去给王柳妈治病。

李春燕问来人王柳妈是什么病，来人开始支支吾吾不愿意说，僵持了几分钟，才悄悄对李春燕说："八天前她去县城的私人门诊做了一次手术，现在伤口出血不止。已晕过去好长时间了，没有钱，不敢请医生，在家里拖到这个地步，她2岁和4岁的两个孩子都在哭闹着要妈妈。"

听完叙述，李春燕拿着手电，和来人消失在黑暗中。近一个小时以后，来到王柳妈家。一进门，王柳妈的家人把所有希望的目光投向李春燕，老婆婆含着泪对李春燕说："李医生，你一定要把她救好啊。如果发生了什么事的话，那这两个孩子该怎么办啊？"

△ 王柳妈（左一）从县城集市上归来（黎光寿摄）

进入王柳妈的房间，李春燕看到，一个青年妇女躺在一条长板凳上，脸色已经完全变白了，血还在滴答滴答地滴在地板上。拿起王柳妈的手，李春燕感觉她的脉很弱，王柳妈的家人用急切的目光看着李春燕，一边看一边哭。

这么严重的情况，李春燕还是第一次看到，再送到医院去已经来不及了。

李春燕慌忙帮王柳妈把血给止住，然后才配药给她打针。全家人急得团团围住李春燕，她一边配药一边安慰王柳妈的家人说："没事，打吊针明天会好起来的。"

在安慰王柳妈的家人时，李春燕心里根本没底，但她只希望王柳妈能尽快醒过来。李春燕当时急得手在发抖，全身冒汗，心里一点都不踏实。

给王柳妈处理完之后，李春燕一直在她的身边守候。早上6点，东方的天空发白的时候，王柳妈才慢慢苏醒过来，拉着李春燕的手似乎想说话。李春燕对她说："不要说话，好好休息！"

从此李春燕每天都要去给王柳妈打吊针。为了不给王柳妈的家庭增加负担，李春燕从不在王柳妈家里吃饭。经过八天，王柳妈病情好转了，不过100多元药费，李春燕一分也没收上来。

王柳妈病好后，有一天，她的孩子王柳来请李春燕去家里吃饭。李春燕问是为什么，王柳说："我家杀狗了，我妈妈要我来喊你去我家吃饭！妈妈要你一定去！"

李春燕对王柳说不去了，但王柳就等在门口不走。过了半天，李春燕还是决定和孩子一起去看看。到了王柳家，锅里煮着一锅狗肉，王柳妈热情地招呼李春燕坐下。

李春燕问："为什么把狗杀了？"

"狗病了，如果不杀它死掉也可惜。"王柳妈说。

"前几天它不是还好好的吗？"李春燕感觉疑惑，继续追问。

"我们家太穷，什么也没有，有你，我才能活到今天，我们还不起你的情，一辈子都记着你的情！"王柳妈说。从她的话中，李春燕知道她是特意把狗杀了请自己来吃饭的。

一年多以后，一天夜里，王柳爹抱着一只鸭走进孟凡斌家里。李春燕开始还认为他是从别处串门经过，顺便抱的一只鸭子。但王柳爹把鸭子递给李春燕说："医生，去年你救了柳妈，我们一辈子都还不了你的情啊！我们家没什么，直到现在都还不起药钱，今年养大了几只鸭，拿只鸭子来送给你！"

李春燕对王柳爹说，药钱什么时候有了再给都行，鸭子不能白要。

推辞了半天，王柳爹诚恳地对李春燕说："医生，你收下吧，这只鸭是我送你的，不是替药费的，你收下吧。"

两个人为鸭子推辞了半个晚上，王柳爹还是坚持要送给李春燕。李春燕最后只有把鸭子收下，并从王柳妈的欠账单上扣除了35元钱。

➡ 临终关怀孟内爸

★★★★★

李春燕注意到，大塘村里的妇女、老人是最弱势的一个群体，许多无儿无女的老人生病了，没有谁来管他们。而有的老人虽然有儿有女，但女儿出嫁了，儿子外出打工挣钱去了，也非常孤独。

孟内爸就是其中的一个。他患有多年的胃病，也没钱去医院，几年后痛得非常厉害，去县医院，确诊是胃癌。2001年11月份，孟内爸听说李春燕把一些重病患者治好了，找人叫李春燕去给他看病。

在李春燕看来，对孟内爸的请求，她不去不行，因为他已经这么一大把年纪了，抱着最后的一线希望找到自己，不去心里受不了，但李春燕也没办法治好他的病，去了也不行。思前想后，李春燕还是去了。推开老人家的门，这位躺在病床上的59岁老人见到李春燕，激动地拉着她的手，流着眼泪问："孩子，我这是个什么病？还能治好吗？你一定要天天来给我打针呀！只要你把我治好了，我会记住你的情，我会把路边那个剩余地基给你建医院！"

在听老人说这句话的时候，李春燕受到了很大的触动，浑身的血液在升温，血管在膨胀。泪水模糊了她的双眼，她强忍着不让泪水流出来。

等情绪稍微稳定，李春燕才吞吞吐吐地安慰老人，让他一定要往好处想。给老人打好针后，李春燕看着老人那骨瘦如柴、浑身黝黑的身子，还用温水帮他擦了身子。老人高兴地夸她说："你这孩子真懂事，真会关心人，又不嫌我脏，得你做孟家的媳妇真是孟家的福气呀。"

孟内爸病情危重，为了让他有更好的心情配合治疗，李春燕让他的家人不要告诉他真实病情，以免出现不能控制的结果。

李春燕给孟内爸打了吊针。一连好几天输液，孟内爸的心情越来越好。

几天后，老人的一个儿子来找李春燕，对她说，老人希望她再去给他打针。但当时家里病人很多，李春燕处理完家里的事情，赶到孟内爸家时，这位老人已经含着泪永远地离开了这个让他留恋的世界。

➔ 苦命农人吴老信

★★★★★

有一位病人李春燕忘不了，他叫吴老信。他听周围的人说李春燕会看病，并且还治好了好几个病人的时候，就一大早赶到卫生室来了。

李春燕问吴老信的病情，他说三个月前就已经发现自己身体虚弱，但由于医生家比较远，加上田里的农活没人干，就一直没有去看病，现在病越来越严重，有时候连站起来的力气都没有，眼睛常常发昏。

听完吴老信的叙述后，李春燕对他进行了检查，发现吴老信主要是过度劳累，体力不支，建议他输液补充能量，以增加体力。吴老信说手中没有钱，只是想打几针，吃些药。李春燕给吴老信打完针后，他就走了。

打完针后的第二天早上，吴老信又跑到卫生室，对李春燕说："昨天打完针后，现在好多了，今早特意来说一声，表示感谢。"

在和吴老信的闲聊中，李春燕得知他原来是一个孤儿。3岁时，父母就相继去世，扔下他们兄弟三个，是村里人把他们拉扯大的，除了大哥外，他和弟弟都有了幸福的家庭。吴老信还和李春燕说，他是李春燕爸爸李汉民的好朋友，他们人生中最值得回忆的一段历史，是都参加了从湖南到贵州的湘黔铁路建设。

吴老信对李春燕说，李汉民当院长以后，每天到医院来找李汉民的人很多，李汉民就很少有机会到大塘来，大家生病以后找医生很难，"你是李汉民的姑娘，又是学医的，你能嫁到大塘来，也是我们有缘，也是我们的福分，以后我们病了就不怕没人给我们看病了。"

听了吴老信的话，李春燕鼻子酸酸的，就只想哭，她要求吴老信先把病治好，药费迟一些交也行。吴老信说不行，"你也需要周转资金，等忙完田里的活，就想办法来打针"。

吴老信准备和妻子在一个星期后挑大米去市场上卖钱来治病。在临赶集的一天晚上，吴老信做好了准备工作，只等第二天一大早起床挑大米去市场。

可等到吴老信妻子叫他起床时，他说太累起不来，要妻子拉他一把。妻子开始还认为是他在开玩笑，就没管，过了一会儿，看到他仍然躺在床上，拉他起来时，他靠在妻子身上，怎么也叫不醒，他就这样永远走了。

后来，李春燕把这个消息告诉爸爸李汉民，李汉民长叹一口气，说："农村人真命苦啊。这种苦难什么时候才能结束呢？"

这件事情以后，李春燕暗暗发誓，不管村民有钱无钱，只要找到她，她就一定要先给病人把病治好。可这个誓言，说起来很简单，做起来的时候，却使李春燕一步步陷入困境。

→ 五保老人余努咪

★★★★★

大塘村需要关怀的人还有许多。有一天，李春燕经过一个小木屋，听到屋里有一声声细微的呻吟，她停住了脚步。这个小木屋，长宽高都在2米左右，在大塘村来说，就和普通的牛棚一样大，过去李春燕

△ 李春燕笑对困难（黎光寿摄）

多次从门前经过，还没有注意到里边住着人。

走到小木屋门口，李春燕发现门没有关，她推门进屋，发现里边黑乎乎的。李春燕借着开门时的亮光，看到床上躺着一位老太太，满脸皱纹，老人脸上已经严重变形了，正一声接着一声地呻吟。

她叫余努咪，是村里的13户无儿无女的五保户老人之一，生病了也没有人照顾。李春燕检查后发现，余努咪有胃病，这次是慢性胃炎急性发作，疼得非常厉害。李春燕还看到，余努咪骨瘦如柴，需要补补身子才行。

李春燕给余努咪打了一针，再给她打吊针。李春燕每天都过去看她。后来老人的身体好了，哭着对李春燕说："孩子呀！你真好，虽然我这一生中无儿无女的，但有了你我就不愁了！哪怕是再苦，只要留下这条命来，这样多好啊。"

余努咪是五保户，没有什么收入来源，也没有谁给她支付治病打针的费用，李春燕给她打针、输液都无法得到任何收入，只能靠自己的利润来填补。但如果她不这样做，余努咪这样的老人就只能很早地离开人世，她自己也会时常陷入不安和自责。

只赔不赚卫生室

→ 丈夫收回财务权

☆☆☆☆☆

从村民叫第一声"李医生"那天起，李春燕就在想，只要她的技术越来越好，来找她看病的人就会越来越多，她就能够为更多的人服务，她的收入也会越来越多，全家的生活也就会慢慢好起来。

但自从吴老信出现后，他的遭遇让李春燕不再把收钱作为给人看病的前提，无论谁来找她，她都会给病人治疗，直到治愈为止。见到余努咪后，李春燕更感觉自己有责任有义务为这样的老人进行治疗，因为他们如果不治疗，这些老人的晚年处境是可想而知的。

大塘村共有余努咪这样的五保户老人13户，只要来找李春燕看病，她都分文不取。其他普通病人，即使暂时没有钱给李春燕，李春燕也会给他们看病，决不让后悔在患者和自己身上伴随。

但真这样做了，新的困难就产生了——许多村民来看病时付不起药费，李春燕只有把这些账全都记录在本子上。

久而久之，在李春燕那不足8平方米的小卫生室里，除了药品和一些简易的设备外，村民看病买药欠账的记录显得异常"珍贵"，欠钱的人中主要是那些孤寡老人，很多人家都已经吃了上顿没下顿。

和新闻上经常曝光的"老赖"不同，村民一般只欠账不赖账，一旦手头有钱，哪怕就一分钱，首先想到的是来还拖欠的药费。尽管如此，诊所始终入不敷出，最开始卖牛的钱，投进卫生室没多久，就用光了。

没钱了又怎么办？李春燕能够想到的，就是找孟凡斌。

李春燕和孟凡斌订婚以后，孟凡斌就把小家庭的财权交到李春燕，孟凡斌在外边挣回来的每一分钱，全部交到了李春燕手上。

孟凡斌一是做化肥生意，二是跑运输。孟凡斌把做生意和在外边跑运输挣来的钱全部交给李春燕掌管，他自己在生活上也尽量省吃俭用，一天只吃一顿饭，过年过节时都不舍得买一件新衣服，一直都穿着从部队带回来的几套旧军装。孟凡斌的一条军裤，裤筒破了，就撕裤兜来补，上一截布破了，就撕下一截布来补，后来一条完整的军裤变成了短裤，最后变成了擦桌布。

本来孟凡斌和李春燕最早的计划是 2000 年冬天结婚。当时他们俩和大哥孟凡昌夫妇以及父母住在一起，房屋很拥挤。随着李春燕的小门诊被认可，来找她看病的人逐渐增多，病人拖欠的药费直线上升，也影响了家人的生活和健康。孟凡斌希望先把卫生室建起来，把卫生室搬出家门，也拥有自己的房子，还家里人一个安宁的生活，两人再举行婚礼。

　　但李春燕的卫生室只赔不赚，孟凡斌交给她的钱，她都拿去进了药，手中始终没有多少钱，甚至有时候一分钱都没有。孟凡斌交给李春燕的钱可是全家人的钱，包括孟凡斌父母的赡养费、全家人的伙食费，而李春燕都拿来进了药，就使全家的生活无法保障。

　　孟凡斌发现了这个问题之后，果断地收回了李春燕的家庭财务管理权，他赚的钱除了一些生活费以外，不再交给李春燕，要求卫生室收支独立核算，以免给家人带来风险。

　　不过，李春燕的卫生室本来就不赚钱，这样一独立核算，很快就没有钱了。但是病人仍然需要治疗，有时候甚至还需要向李春燕借钱。李春燕没有钱，只有向孟凡斌借。

　　第一次"借钱"是因为王岁山的病。2001 年，李春燕去王岁山家，岁山爸说，他家为了给王岁山治病，已经花光了所有的积蓄，现在已经一分钱都没有了，现在准备卖掉房子和果园。李春燕对他说："别急，总会有办法的，卖掉了就什么都没有了，一定要留下来。"

　　随后，李春燕把王岁山父子一起带到孟凡斌面前，对孟凡斌说："现在这个孩子病得很重，如果不及时治疗，会有生命危险，他父亲准备把房子和果园卖掉，如果有谁能借钱给他，也许就用不着卖房卖地。"

　　李春燕的目的就是让孟凡斌借钱给岁山爸，让他不至于卖田卖地，保证他们家未来仍然能够有一个比较平静安稳的生活。看到孟凡斌没什么反应，李春燕直接说："要不你先借 2000 元给我好吗？等他家有了钱我再还你。"

　　"你的这些话我听多了，没有一次守信用的，你还想不想让我给你建卫生室？"孟凡斌说。

　　"一样的嘛，建卫生室也是为了治病救人，借钱也是治病救人嘛。"李春燕说。

　　孟凡斌说："除非你打借条。"听到这话，李春燕赶紧给孟凡斌打了借条，岁山爸拿到了给王岁山救命的 2000 元钱。

　　不过这个口子一开，就控制不住了，在此后一年里，李春燕给孟凡斌打的借条高达 5800 多元，而没有借条的借款还有许多。

→ 帮收庄稼帮挑水

★★★★★

　　尽管卫生室给李春燕造成了许多困难，但李春燕也有许多其他人没有的收获。因为大塘村的老百姓缺少的是钱，而最不缺少的就是力气和时间，最丰富的就是感情。

　　一个秋天的傍晚，李春燕刚刚出诊回到家里，就有几个妇女一人挑着一担包谷走进家里，她们大喊："老板，要不要包谷啊。"李春燕莫名其妙地看着她们时，她们已经把肩上的担子放下来了，整齐地摆在李春燕家放包谷的地方。

　　李春燕拿出凳子给几位妇女坐，就有妇女告诉李春燕说："老板，我们帮你把你家的包谷给掰回来了。"

　　"你们这么帮助我，我怎么好意思呢？"李春燕回答道。

　　一名妇女说："你是我们的医生，如果你每天都忙农活了，就没有人给我们看病了。如果你每天都在给我们大家看病，你家的活就没有人做。"

　　"那怎么成呢？"李春燕说。

　　一名妇女说："你尽管去看病去吧，家里的活我们帮你做，村里有你这样的人，我们家的老人、小孩生病了也不像前几年那样难了。"

　　后来李春燕注意到，不仅仅是秋收、春耕的时候，只要到农忙季节，她家田地里的活忙不过来，村里的妇女、姐妹们就主动来帮助她，帮她家插秧、种玉米、收谷子……她们只能用自己双手的劳作来表示对医生的敬意。

　　从这些妇女们劳作的双手上，李春燕深深地感到，村民们曾经受过很多的苦和难，已经害怕上县城的大医院去看病，大塘确实离不开医生。

关键时刻总有爱

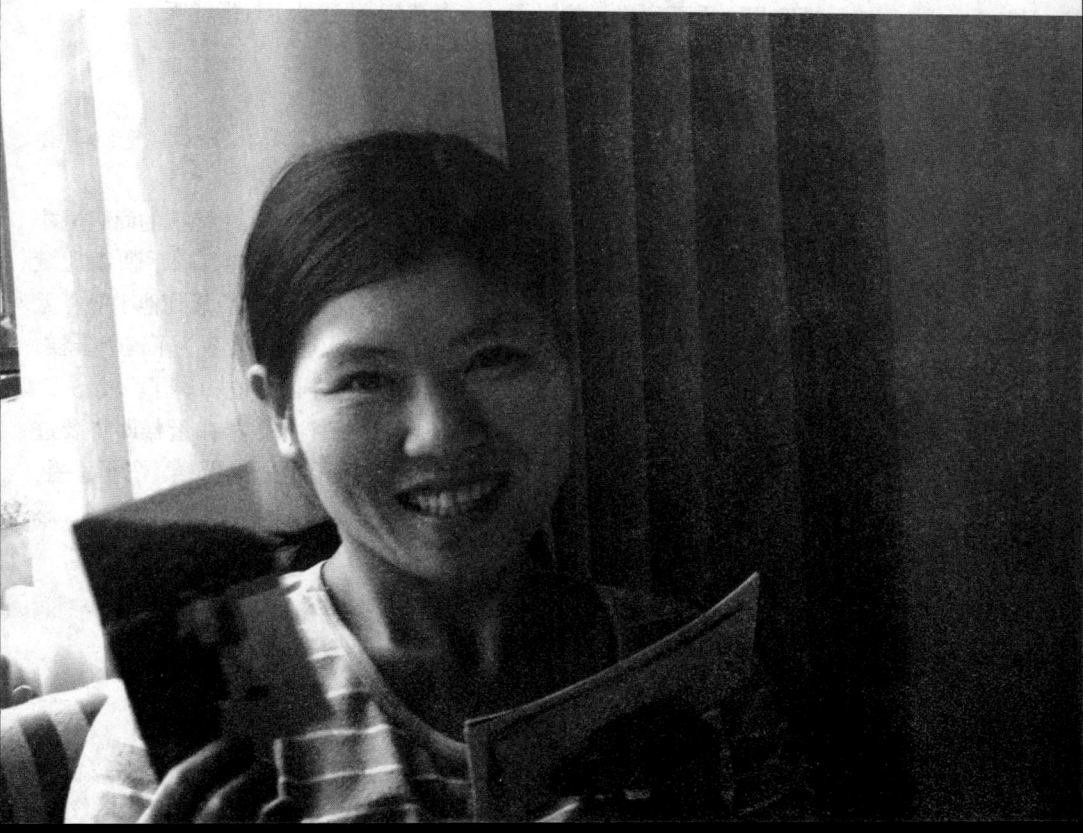

→ 生日蛋糕很袖珍

★★★★★

订婚之后，李春燕和孟凡斌的生活一年不如一年，过春节他们也不敢回娘家，担心其他姐妹拿出自己的礼物时，他们什么也拿不出来。

2001年3月28日，是李春燕的生日，一大早起来，李春燕就对凡斌说："我们的生活太苦了，谈了这么多年恋爱，人家过生日的时候都送生日蛋糕，今天你送我什么生日礼物呢？"

"那……我给你买个生日蛋糕吧。"孟凡斌说完，就开车出去了。晚上，家里来了很多客人——李春燕的同学、孟凡斌的堂弟，还有孟凡斌的几个战友。李春燕做了一大桌菜，大家都聚到了孟凡斌的家里，等着他回来与大家相聚。

等到饭菜都凉了，孟凡斌才推门进来。李春燕见他两只手揣在裤兜里，看不到蛋糕的影子，李春燕问："我的生日蛋糕呢？"

孟凡斌一拍大腿："带来了。"

"在哪里？"李春燕充满疑惑地问。

孟凡斌把手从裤兜里抽出来，拿着一个巴掌大的蛋糕送到李春燕面前，说道："给你！"

李春燕从来没见过这样小的生日蛋糕，也许只在特殊的商店里才有。李春燕又好气又好笑，一把抢过来，想都没想，顺手朝孟凡斌砸了过去。孟凡斌早有准备，她的蛋糕一出手，稳稳落到他手上。孟凡斌打开包装做要一口吃掉的样子，说："你不要算了，我为了这个蛋糕，跑遍了从江县城，花了五角钱才买到的，你不吃我吃掉算了。"

"不行，是我的生日，还是我吃吧，谢谢你！"在蛋糕即将要进入孟凡斌口中的一刹那，李春燕从孟凡斌手中抢过蛋糕，看了又看。在家里的所有人都笑得前俯后仰。当李春燕把蛋糕吃到肚子里时，感觉到了一股从未有过的甜蜜。

以后再照全家福

★★★★★

桂林山水甲天下，李春燕一直有一个去桂林的梦想。孟凡斌在订婚的时候答应过李春燕，有机会的时候带她到桂林旅游，和她一起拍一张结婚照。

李春燕到大塘后的一天，对孟凡斌说："我希望你带我去桂林旅游。"但当时由于卫生室入不敷出，花光了他们的钱，去桂林旅游是比登天还难的事情，但孟凡斌不好直接拒绝李春燕，就对李春燕说："你准备好，多准备几套衣服，最好是脏衣服，要去的时候我们开车去。"

李春燕信以为真，还真拿一个篮子，装了好多衣服，甚至路上吃的东西都准备好了。

中午，两人吃完午饭，上了车就出发了，到了一个岔路口，孟凡斌直接把车开向了通往河边的路。李春燕一看方向不对，对孟凡斌说："你走错了，去桂林不是走这条路。"

孟凡斌没有说话，而是直接把车开到河边，对李春燕说："不错，桂林的山水也和我们这里一样，你洗完衣服就可以回家了。"

李春燕虽然很不情愿，但知道家里实在是有点揭不开锅了，出去旅游几乎是没有可能的事情。李春燕洗了一天的衣服，傍晚才回到家，后来就再也不提出去旅游的事情了。

看到许多人结婚时照婚纱照，李春燕一直都想照一张婚纱照。有一次，李春燕对孟凡斌说："我希望照一张结婚照。"但当时他们没有钱，照婚纱照也是不可能的事情，孟凡斌就搪塞说："这个结婚照只有城里人才照，我们是农民，是大老粗，照什么啊，也可以不用照。"

李春燕不相信孟凡斌的话，孟凡斌就利用开车拉货的机会，带李春燕去相馆打听，发现从江县城还不能照婚纱照，要照的话，只能到252公里外的凯里，或者276公里外的桂林，或者297公里外的柳州，照一套要花1000多元钱。看着照相馆的报价单，李春燕不相信也得相信了。看着李春燕闷闷不乐，孟凡斌安慰她："等以后有钱了我们照一张全家福吧。"

055
关键时刻总有爱

两人原定的婚期是 2000 年冬天，但到预定结婚的时间，李春燕生病住院，迟迟不见好转，他们只有将婚期后延一年。到 2001 年预定结婚的时间，两人觉得，应当将卫生室建起来再结婚。但这个计划也不断地成为泡影，因为两人的钱全用到了卫生室上，全家开销也非常大，到这第三个结婚日子来临的时候，他们又变得身无分文。

不过他们决定，婚期不能再拖了。因为在这样偏僻的农村，订婚之后同居的时间长了不结婚，容易遭致其他人非议，对婚姻中的双方来说也存在一定的不确定性。他们决定，结婚的时间定在 2002 年春节后。

结婚没有钱，但招待亲戚朋友是一定要有酒有肉，李春燕就在家里养了几头猪。她每天都在心里念叨："猪啊猪啊快快长，我的幸福生活都要靠你啦。"临近大喜的日子，孟凡斌用车拉李春燕走了将近一百公里，到相邻的榕江县城买了三套一共价值 300 多元的衣服。而孟凡斌自己，本来不打算买衣服，但在朋友你一言我一语相劝之后，最后也买了一套 60 多元的西装。

2002 年正月十八，李春燕和孟凡斌正式举行婚礼。孟凡斌的家族给了李春燕将近两斤压箱底的银饰。在两家亲戚朋友兴高采烈地庆贺他们的新婚时，李春燕终于感到自己的一生有了归属，自己的事业有了依托，自己的理想有了稳定实现的条件。

➔ 挽救生命不含糊

★★★★★

婚礼后，卸下新娘妆，生活很快又恢复了平静。李春燕每天在村里行医，要么在家里接诊，要么走村串寨。而孟凡斌为了两人能够早日有一个温暖的家，每天都起早贪黑在外边跑运输拉货，一天只吃一顿饭，渴了喝口水，累了就睡在车上，从不和别人去吃喝玩乐，好多开车的人都叫他老土，有的问他："你每天跑那么多钱干什么？"

大哥的两个孩子也跟凡斌夫妇俩住，他们还要承担两个孩子的学费和生活费，2002 年春节过后不久，孟凡斌在离家 20 多公里外的腊娥大桥承包工程，半个多月没有回家，最后拿到了 2000 多元。当他兴冲冲地回到家时，两个孩子一人拿走 700 元，剩下的 600 元，被李春燕"借"到了手上。

李春燕和孟凡斌举行婚礼时，电话和手机都已经相当普及。作为从江县最大的村，大塘村都还没有安装电话，有手机的也只有孟凡斌一人。当时谁家有人生病了，只能派人找医生，极不方便，如果遇到医生外出或者有其他什么事，病人就只有苦挨。对普通人来说，没有电话只意味着少打一个电话，少聊一次天。对李春燕这样的乡村医生来说，没有电话，也许面对的就是眼睁睁地看着一个生命的消失，目睹一个家庭的生离死别。

李春燕对孟凡斌说："我们大塘村没有一部电话，行医很不方便，如果有电话的话，就好办多了。并且，我有很多病都看不了，每次回家时，都要带着很多病例去请教我爸爸，很不方便。如果你有钱的话，就想办法给我装一部电话，万一我行医遇到困难，也好及时得到爸爸的指点。一些危重病人也能通过电话联系能及时送到医院进行治疗。"

过了几天，孟凡斌果真把电话局的人叫来了，从离大塘村五公里左右的乡政府，直接把电话专线接到了家里，让大塘村有了第一部电话。此后，这部电话挽救了许多人的生命，也让李春燕在最困难的时候，安然地渡过了危机。

梦里有个好娃娃

接生路上有悲剧

★★★★★

生儿育女是人生中的一件大事。对普通人来说，如果自己有了孩子，至少自己的后半生就有了寄托和依靠，不再孤独。对一个家族来说，孩子是这个家族世世代代延续下去的重要保证。

李春燕订婚后不久就怀上了孩子，但在一次去接生的路上，下雨路滑，不小心摔了一跤，第一个孩子就这样无声无息地消失了。由于这个孩子的失去，孟凡斌的家人对李春燕有了意见。

当李春燕第二次怀孕时，家里人增加了对她外出的干涉，她自己也吸取教训，经常去医院检查，尽量不剧烈活动，即便出诊，也尽量选在白天。

但是村里人什么时候生病，生什么样的病并不由李春燕来决定，这是随时都有可能发生的事情，她也只能随时处于待命状态。

一天晚上，下着瓢泼大雨，有个村民急匆匆来到卫生室，对李春燕说："李医生，我儿媳妇要生孩子了，看样子是难产，请您去为她接生。"因有前车之鉴，李春燕有些犹豫，但遇到这样的情况，她不去又不行，她穿上"解放"牌胶鞋就要走。公公婆婆阻止她："去年就是因为不注意身体，才失掉了第一个孙子，现在又要生了，不能去。"

这位村民听了公公婆婆的话后，央求说："你们二老开开恩吧。我们会保证李医生的安全的，如果你们不放心，我们就用担架将李医生抬去好吗？"李春燕还是跟着他们出了门。这次抢救很顺利，没有出现什么意外。

2002年农历十一月二十六，孟凡斌陪李春燕去县医院做B超，医生说她的预产期只有一个星期了。李春燕在县医院的大嫂要留她住在县城，等把孩子生完再回家。她对大嫂说："反正凡斌开车也方便，真的要生了，我们再来。"

在从县医院返回大塘的路上，孟凡斌非常高兴，心里美滋滋的，笑得合不拢嘴。

回到家后，孟凡斌哪里都不去了，天天留在家里，一步都不离开李春燕，等待孩子的降生。

因为孟凡斌的外号叫"黑水牛"，故而大家都叫他们即将降生的孩子为"牛崽"。每天吃饭的时候，都搬来一张小板凳，并在板凳前摆上碗筷、酒杯和水果，开饭时高喊："牛崽牛崽快来吃饭喽。"

→ 三人组成幸福家

★★★★★

2002年农历十一月三十，"哇——"一声响亮的娃娃哭声，李春燕的大嫂和大姐高兴地喊道："生了，生了一个宝贝，男孩！"在门外的所有人都哈哈大笑。"生了就好！好！"凡斌妈在门外笑得合不拢嘴，急着跑进来，盯着孙子看了又看。

就在大家兴高采烈七嘴八舌地说孩子的时候，孟凡斌当着众人的面，在李春燕的脸上深深地吻了一口。很多年以后，李春燕回忆起那个吻，仍然说："那个时候，我感觉幸福极了。"

孩子满月那天，也是2002年大年三十的晚上。李春燕的大哥给孩子取了一个与众不同的名字：孟祥牲。牲是聪明、活泼、顽皮、可爱的意思。大舅希望孟祥牲快快长大，聪明可爱。

孟凡斌和李春燕全家刚吃过年夜饭，正在节日的气氛中等待新年钟声敲响的时候，两个村民急匆匆地赶到他们家，说他的儿媳妇要生孩子了，让李春燕过去帮着接生。

生孩子的妇女家离孟凡斌家有半个小时的路程。对李春燕来说，这是一次艰难的抉择，一边是自己刚刚满月的孩子，另一边是村民即将要出生的孩子，还有随时随地都有可能遇到复杂情况的母亲。李春燕想了想，把孩子交给孟凡斌，自己跟两个村民就走了。

从孩子满月那天起，李春燕每天都忙于出诊，只有把孩子留在家里让家人带。有时候半夜出诊，孟凡斌就得给孩子当保姆。每天都这样忙里忙外的，孩子也一天天地长大。整个家族都非常喜欢这孩子，谁有空谁就帮着带。这孩子也非常争气，一点也不哭。

李春燕没时间照看孩子，她常常会自责，说自己不是一个负责的母亲，也不是一位对得起丈夫的妻子。她说，一个负责任的母亲不

△ 李春燕的全家福

会让自己的孩子东家抱西家抱的，而她却无法做到。

　　不过对孟凡斌来说，孩子的降生让他终于可以安心地为未来奋斗了。在孩子一周岁生日的晚上，他对李春燕说："现在我放心了，压在我心里几年的大石头终于落下了。"

　　李春燕丈二和尚摸不着头脑，忙问他："什么石头啊？"

　　"从我们谈恋爱的那天起，我就有一个预感，感到总有一天你会离开我。"孟凡斌回答李春燕。

　　李春燕说："我从来没有想过要离开你呀。"

　　孟凡斌说："你不想想，你们家庭这么好，而我却是一个穷光蛋，有朝一日你生活不下去了，这能不让人担心吗？"

　　李春燕说："我爱的又不是你的家庭，而是你呀！如果我是那种追求名利的女人，我早就跑了，能嫁给你吗？你看看那么多人追求我，哪个不比你的家庭好啊。笨蛋！"

　　"就是这样，我才拼命地做，用所有的付出来回报你对我的爱。你最让我感动，在困难面前，你从来没有让我失掉信心过，而现在又给我生了一个胖男孩。我一辈子也还不清你的债啊！"

　　孟凡斌说完，用手搂过李春燕，在她耳边说："谢谢你给了我一个幸福温暖的家。"

枕畔落下碎米雪

法院上门贴封条

☆☆☆☆☆

　　有了孩子后，孟凡斌、李春燕仍然和大哥、大嫂以及公公婆婆住在一起，他们的家庭关系非常和睦，李春燕甚至都没想过要建自己的房子。可是 2003 年 3 月份发生的一件事，让他们萌生了盖房的念头，并下定决心拥有属于自己的一栋房子，拥有一个完全属于自己的家。

　　种植椪柑是大塘村的主要经济活动。做化肥生意曾经是孟凡斌的长项，后来这个生意不好做，他就不做了。但因为长期积累下来的信用关系，还有许多村民找他，希望他能为大家买化肥提供担保。看着乡亲们熟悉的面孔，他虽然很不情愿，但还是答应了。

　　2002 年，在孟凡斌的担保下，村民从供销社借了 18000 多元的化肥，这些化肥款到年底收椪柑时需要偿还。但当年遭遇天灾，椪柑卖得不好，许多人血本无归，借化肥款的农户绝大多数都没有收回成本，年底只有一部分人还了化肥钱，还有 9050 元没有归还。

　　孟凡斌根本没有料到法院会对他采取强制行动。村民欠下的化肥款没有归还，作为担保人，他就要承担还款责任。没有任何悬念，他输了和供销社的这场官司。

　　孟凡斌去催那些借化肥的村民，让他们赶紧把钱还给供销社，可村民却说："去年的果子价钱不好，根本就还不了化肥钱。"回到家后，他一脸的无奈，准备把自己的汽车卖掉，先帮村民还了化肥款，免得法院强制执行。可是来看车的人却出价很低，而这车是他辛劳几年下来的唯一财产，也是全家经济和生活的主要来源，所以他不愿卖，只好又去催那些村民。

　　过了判决书规定的还款期限，孟凡斌还没有把这些钱还上。供销社就申请法院强制执行。一天，法院有几个人到孟凡斌家，要孟凡斌支付化肥钱和执行费，一共 12000 多元。他无法支付，法院让他们全家从房子里搬出来，还在他们的门上贴了封条。

　　看到这一切，李春燕流泪了，抱着刚刚四个多月的孩子坐在外面，一位法官对她说："不要哭了，赶紧进去理一下孩子需要的衣物吧，要不然再等一下我们把房子封了，你就拿不到了。"

当时李春燕和孟凡斌居住的房屋是凡斌父母的，在该房子里居住的一共有十多口人，有孟凡斌的父母、大哥全家、凡斌的姐姐和妹妹。房子被封了，全家十几口人只有在老房子边临时搭建的一个棚子里，白天在棚子里做饭吃饭，晚上就各显神通在村子里其他人家各自找地方睡……

李春燕和孟凡斌最难受，因为李春燕的卫生室一亏再亏，一贴再贴，尽管孟凡斌拼死拼活地在外边找活干，但怎么也找不到出路。李春燕感到有些绝望。

房子被封事件在大塘村引起了很大轰动，有些人家能够找到钱的，就拿钱来还了肥料款。陆陆续续还了一部分，但还是有些人没有钱，就只有仍然欠着，孟凡斌也没有时间和精力去追回那些欠款。

在小木棚里住了九天，孟凡斌的堂弟孟凡彪从部队退伍回来。孟凡彪看到孟凡斌全家十几口人有家不能回，就问李春燕是怎么回事。李春燕跟他说了情况以后，他安慰说："别急，总会有办法的，我从部队退伍回来，身上还带了些钱，可以先用这些钱交给法院，其他的事情再说。"

当时，孟凡彪手上有部队发给他的退伍补贴 2 万元，第二天他就和孟凡斌来到法院，交了钱，拿到了法院的裁定文书，才回家打开法院的封条，全家人才回

◁ 李春燕在
为病人输液
（黎光寿摄）

到原来的房子里。

回家以后，孟凡斌和孟凡彪一起，整天在村里催还欠款。肥料钱渐渐地回收上来了，村民欠李春燕的药费也回收了一部分，都用来还了孟凡彪。

决心盖栋大房子

★★★★★

封房子的事件发生后，李春燕夫妇讨论了又讨论，觉得再也不能这样连累家里的其他人了，尤其不能连累孟凡斌年长的父母，不能再连累凡斌的大哥大嫂，更不能连累李春燕刚刚出生的孩子。他们决定，在稳定卫生室的基础上，建一栋属于自己的房子。

此后，李春燕还是提着小竹篮出诊，与过去不同的是，她还背上了自己的孩子。给患者看病时把他背在背上，下地干活时也把他背在背上。带着孩子，李春燕再也不像过去那样轻松了。不过孩子很乖，一点也不吵不闹，减少了李春燕的不少烦恼。

大塘村的民居一般都是木制的吊脚楼，要建好一栋房子需要包括砍树、修柱子、挖地基、立房架、盖瓦片、装修房间等环节。当时，整个过程下来，大约需要花费3万元。孟凡斌每天很早就出门跑运输，早出晚归，心里又老想着家里的孩子。

当时村里又增加了两辆车，孟凡斌的汽车车况不好，开车也没什么生意，家里的一大家人开支和卫生室的开支都很大，每天跑运输的收入都不够。到当年农历七八月份，建一栋房子的条件一点都不具备。

一天晚上，李春燕和孟凡斌商议："无论怎么样，房子一定得建起来。"孟凡斌买了六头小猪让李春燕养。买小猪时村里人还问他们："你们买这么多小猪做什么啊，是不是又要娶媳妇呀？"

孟凡斌说："我们要建房子。"

"什么时候建啊？"村民问。

"11月份吧。"孟凡斌回答。

那人笑了笑说："哈哈，现在几月份了，才养猪，你们明年再建吧！"当时很多人养猪，要一年以上才能长大，最快的也要半年以上。

"嗨，你们不相信，三个月以后，小猪个个起码都是 200 斤以上。"孟凡斌半开玩笑地说，实际上也是在给自己打气。

此后，李春燕每天一边背着孩子在村里为人看病，一边照顾这六头小猪。如果李春燕忙不过来，孟凡斌也停下车来帮助李春燕，还要准备建房子的木料。

大塘村属于珠江支流都柳江上游林区，杉木很多，树高且直，是建房子的好材

△ 李春燕的新家

料。一般人家生了儿子，就要在山中种下一片杉木，以便孩子长大以后可以砍来建房子。孟凡斌家有一大片杉木，都是凡斌爸在很久以前种下的，李春燕刚到大塘时，凡斌爸就带她去看过，当时就让她激动不已。

但砍树盖房子需要砍伐证，办砍伐证需要几百元钱，李春燕和孟凡斌拿不出。去哪儿弄钱呢？李春燕想到了父亲李汉民。

李汉民退休以后在家里也开了一个门诊，每个月都要倒贴钱，还要每个月给春燕妈一些钱安排家里生活，他的工资也所剩无多，但比李春燕好一点。

找李汉民借钱是一件很艰难的事儿——他是一位严格的父亲，在李春燕嫁到大塘后，他除了在药物和技术方面尽最大努力给李春燕帮助以外，从不在经济上支持李春燕，想让她尽快自立。李春燕有时候想回家看他，李汉民还虎着脸对她说："你不好好在大塘做你的事情，跑回来干吗？"

李春燕想，建房子是一件很大的事情，爸爸应当支持自己。她下定决心找爸爸借钱，一天下午，就和孟凡斌一起回家了。

见了父亲，李春燕和孟凡斌先跟他去果地打农药。边打药，李春燕就边和爸爸拉家常。李春燕说到在大塘行医很困难，准备不再继续在大塘干了，李汉民说："老百姓没有钱，看病付不起钱是正常的，你再苦、再累、欠多少债，都不要离开大塘村，因为你是大塘村唯一的医生。"

李汉民的话让李春燕感到心里暖烘烘的，她认为他愿意帮助自己了，就试探

着问："爸爸，你领工资了没有？"

李汉民回答："领了。"

"能不能借 1000 元给我，我要办砍伐证，建一栋房子……"李春燕的话还没说完，李汉民就打断她："借钱的事情别找我，我这里也有好多欠债呢，还要还老板的药钱。"

李汉民的回答让李春燕感到天旋地转，当时她的鼻子酸酸的，她本来是抱着最后一线希望找他来的，却得到这样的回答，心里透凉透凉的。在迷迷糊糊中，她还隐约听到李汉民说："做人一定要有志气，不要做那些总希望得到别人同情和帮助的人。"

傍晚收工回家，李春燕和孟凡斌连吃晚饭的心情都没有，灰溜溜地回到大塘。后来，孟凡斌找自己的朋友借到了这笔钱，春燕妈卖了自己养的猪，偷偷地给李春燕借了 1000 元。

→ **汗浇新房过新年**

★★★★★

砍伐证办好了，孟凡斌就专心致志准备建房子的木料，每天叫上几个本家兄弟，上山砍树。而李春燕在家里喂猪、带孩子，病人来的时候为病人看病，有时候也出诊，甚至半夜还得带着小孩出诊。

2003 年 10 月份，孟凡斌夫妇的新房子地基开挖了。在动工那天，村里人听说他们要建房子，一下子就来了许多人。第一天来的人很多，没有菜吃，孟凡斌就杀了一头 90 多斤的小猪，做菜款待帮忙的人。

这头小猪是孟凡斌买来给李春燕养的六头小猪中最小的一头，这下派上用场了。爱开玩笑的人问他们："你们俩养的猪长这么快，是不是用火筒吹的啊？"孟凡斌回答说："是啊，我们夫妻俩天天用火筒吹，不信你们也试试！"

哈哈一阵开心大笑过后，大家开始动手。当时天气已经转凉，但大家挖得很卖力，刚一会儿，每个人头上身上都大汗淋漓。每天都有几十个人在干活，90 多斤的猪肉节省着吃，两天就吃完了。

时间已是深秋，果地里的椪柑也熟了，每天早上李春燕让婆婆带着孩子，自己则早早去果地，摘一担椪柑卖给收购椪柑的老板，一斤

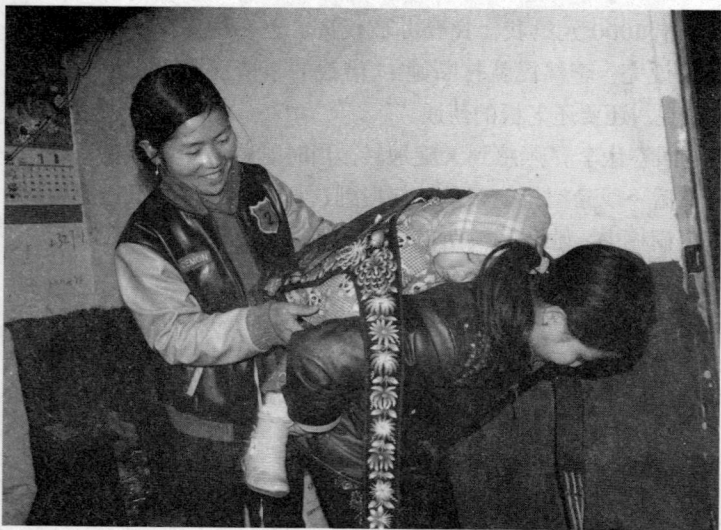

也有九角钱。从他们的果地到收椪柑的地方，一共有 2 公里远，一直都是上坡，李春燕挑着 80 斤的椪柑需要步行一个小时才能到。李春燕卖了椪柑，得了几十元钱，又赶回家做午饭给前来帮忙的人们吃。

李春燕每天都需要去摘两担椪柑，晚上还要酿两缸米酒，一天要挑 16 担水。在一个月内，李春燕一共酿了 25 缸米酒。为了早日能有一个温暖的家，夫妇俩在村民们的帮助下，自己也拼命去做。

2003 年农历十二月十六日，新房的房架立起来了。孟凡斌和李春燕盘算着，准备在春节前住到房子里去。但他们没有钱买瓦，房子只是一个空架子。

李春燕的四妹当时正在广东打工，挣了一点钱想回家过年，听说李春燕盖房子缺钱买瓦片，就给李春燕寄来 1600 元。

孟凡斌手上当时还有一个诺基亚手机，很漂亮，他准备卖掉买瓦。一个战友给他打电话，说想要购买他的二手手机，结果用车装了 5000 多块砖，运到家门口，卸完吃饭后，手机的事情提都没提，就开车回去了。

在 2003 年农历腊月二十九，春节前的一天，孟凡斌和李春燕终于带着孩子搬进了新家，他们准备在新房过新年，迎接新年的新气象。

枕畔落下碎米雪

孟凡斌和李春燕新盖的房子在几棵古树下，他们搬到房间里去的时候，房顶上的瓦片只盖了一半，墙壁就是用几块木板临时钉上，四处透风，有时候风力比较大，房门随风开合。晚上睡在床上，晴天可以看到天上的星星，这可乐坏了刚满周岁的孩子，他总是借着夜晚的星光尽情玩耍。

然而，遇到大雨或大雪，对全家就是一场灾难，他们只得四处搬东西。

一天夜里，天上下起了碎米雪，冰冷的雪粒打在全家熟睡中的每张脸上，被子上、枕头边开始堆积起了雪粒。啪啦啪啦的雪粒惊醒了睡梦中的孩子。刚满周岁的孩子觉得好奇，就用他那双稚嫩的小手，趴在床上捉雪粒，高兴得呵呵直笑。

孟凡斌父母的房间更糟糕，他们住在偏房，也没有盖瓦，夹杂着雪粒的大雨，在寒风的裹挟下，打湿了被子和床铺。一家五口人只好戴着斗笠，披着塑料薄膜围在火塘边烧火取暖，孩子的一举一动都透露出刚来到人世间的喜悦，但李春燕的心比屋外的寒风还要冷。

李春燕想，这一切都是自己造成的——如果没有她一直拖着孟凡斌的后腿，孩子和老人也不会受牵连而落到被大雨淋的地步。她认为，以孟凡斌的能力，以自己的勤奋，他们也应该像其他人一样，有一栋像样的房子，有个快乐温暖的家。

春节是李春燕和孟凡斌最想过又最怕过的节日，因为刚刚搬进新房子的他们，一分钱也没有。孟凡斌找朋友借了100元，给孩子买了一套衣服和一包糖，还买了一条大鲤鱼，算是聚了家人，敬了祖宗；大年三十那天晚上，别人家鞭炮满寨，笑声满屋，李春燕和孟凡斌在家里，能够做的就是哄着不停哭闹的娃娃，围在火炉边不讲一句话。

事情过去很多年后，李春燕还清楚地记得，2002年和2003年两个春节，李汉民也找人来叫李春燕夫妻俩回娘家去过年，但他们两次都没有去，原因是他们觉得太穷了，回去也拿不出什么像样的东西孝敬老人，觉得脸上无光。

卖掉首饰去买药

欠债套牢张老板

李春燕搬了新家，卫生室也跟随着搬到了新房子里。卫生室只有一间房，这间房里也只有一张床。这样的安排平时已经足够用了，但如果遇到人多的时候，只能想别的办法。

滚玉村离大塘村大约有10公里，就在大塘村对面的山坡上，大塘村的人大声说话，滚玉村的人都能听得见。因为两个村距离近，滚玉村也没有医生，该村村民常到大塘村看病。

2003年春天，滚玉村一个46岁的中年男人和一位上了70岁的老太太来李春燕的卫生室住院，两人的家人也陪着过来，一共来了七八个人。当时床位不够，李春燕就在堂屋里加了一铺床，让他们都能有地方躺着休息。

男子患了胆囊炎，老妇患了重感冒加风湿性关节炎，需要李春燕每天给他们打针，给他们提供护理，还要给他们做饭吃，本身大塘村来看病的人也不少，全家人整天忙里忙外的，家里整个就乱了套。

人多了事情就多，一会儿男人要尿尿，凡斌爸就带他们去卫生间；一会儿女人要上厕所，70岁的凡斌妈就当起向导。平时，婆婆在家就是陪病人聊聊天，公公上山砍柴给患者烧火取暖。

当时李春燕只有一些简单的常用药。在给这两名病人治病的时候，李春燕的药很快就用完了。这些病人又都没有给钱。李春燕不得不给病人停药。这是李春燕的卫生室第一次停药。

星期天，李春燕挑着家里的几十斤玉米去卖，加上其他患者交来的100多元药费，她在从江县城又买了一些药，赶快拿回家去给滚玉村来的患者治疗。不过这些药没用几天又用完了，他们一分钱都没有付，李春燕只有自己想办法，但家里可以卖的东西差不多都卖完了。

在李春燕愁眉紧缩、愁肠难解的时候，爸爸给了她一个电话号码。他告诉李春燕，电话的主人姓张，是他的朋友，在榕江县卖药，不仅可以买药，而且可以借款，还会用汽车送药上门。

怀着忐忑不安的心情，李春燕给张老板打了电话，张老板行动迅

卖掉首饰去买药

速，很快给李春燕拉来了几百块钱的药。李春燕又有药了。

两个病人住院七天，病好了，离开了李春燕的卫生室，可他们没有钱支付药钱。他们欠下的药钱大约500元，就只有记到李春燕的账本上，而患者家属每天在李春燕家吃饭的米和菜还有柴火都没有计算。

榕江离从江有90多公里。在此后的一年里，每当李春燕陷入困境需要帮助的时候，都是张老板伸出了援手，而李春燕欠张老板的药钱就高达4000多元，把张老板套得牢牢的，想放开都无法放开。

→ 两个妇女同天生

★★★★★

2003年夏天的一天，下着大雨。两公里外的大塘村一组村民管家的妻子快生了，管家的房子只有一间，不到10平方米，远远看过去还误认为是牛棚，根本就不算家。与此同时，距离管家五六十米远的另一个牛棚大小的小木屋里，吴家的妻子也快生了。

李春燕先给管家的妻子检查，发现小孩还没有进入骨盆，就动员他们去医院生，他们说没钱，也没有车子，来不及了。

还没等李春燕喘口气，吴家来叫她。

吴家妻子身高只有1.46米，大约有42岁，属于高龄产妇，骨盆狭窄，不能顺产，李春燕给他家讲解，不能留在家里生，必须要送到医院去做剖腹产。一听说要上医院，吴家人就慌了。整个家族一共四家，大哥出了一头牛，最小的兄弟出了一头80斤的猪，一个房族兄弟出了200元钱。

当时榕江的张老板来找李春燕追账，孟凡斌带着他找到了李春燕。张老板看到李春燕在两个家庭之间来回奔忙，也参与了抢救。吴家对李春燕说："现在牛一时卖不出去，要不你先借千把块钱给我，我把牛卖了再还你。"

一边是追账的，一边是借钱的。李春燕都没有钱给，对吴家说："我真的没有钱，现在张老板都跑到这里来要钱，我都没有钱还他，你们几兄弟自己想办法吧。"

正在商量的时候，管家的人跑来了，边跑边喊："快了，快生了，你去看看吧！"

刚到管家不到 10 分钟，吴家的又叫道："李医生，快了，快了，她肚子疼得非常厉害，你赶紧来看看吧！"

就这样你喊、我喊，跑上、跑下，跑得李春燕的腿都发软了。天又下着雨，路又滑。跑了一大早，管家的孩子终于生出来了，是个男孩。当时把家里仅有的一角钱给了李春燕做接生费，晚上又送来一元钱。

而吴家直到中午，才凑到 800 元钱，用竹竿搭成架子，抬着产妇去医院。从吴家走到县医院至少需要两个半小时。县医院连夜给产妇做了剖腹产，生出了一个可爱的小女孩，几天之后回家了。

李春燕抢救两个产妇的时候，还在用凡斌大姐夫给她编的小竹篮。在回家路上，催李春燕要账的张老板问李春燕要不要用药箱，李春燕说："我没有钱要药箱，甚至你的药费都欠了好久了。"不过她还是问了他药箱的价格——70 多元。她说，如果是借，她还可以接受，买就没有钱了。后来，张老板借给李春燕一个药箱，她一共花了一年的时间，才付清这笔钱。

→ 面对病人心太软

★★★★★

一次，李春燕送一个难产妇女到县医院。由于产妇家很穷，没有带住院费，李春燕和孟凡斌把身上所有的钱全部垫付住院费了。最后，人是抢救过来了，但李春燕和孟凡斌两个人连吃饭的钱都没有了，只好饿着肚子回家。

电话安装之后，孟凡斌的车几乎成了李春燕的救护车，和每次收费上百元的医院救护车不同，孟凡斌的车根本就收不到钱。除了卫生室本身的亏损之外，孟凡斌的车也在不停地倒贴油费，他俩的小家庭每年要贴进去一万多元。不仅如此，孟凡斌辛辛苦苦攒的钱，也陆陆续续被李春燕借给病人治病。

李春燕每个月进药需要的花费是 900 多元，而看病的收入最多只有 600 元左右。李春燕的卫生室始终入不敷出，而且赤字越来越大。来看病的人大多数没有钱，他们不到不得已的时候，是不会来找医生的，但一来就有可能是大病，到医院也很难治好。他们来找医生以后只有欠账，一年还一次，有的几年才能还一次。

有一次，张老板对李春燕说："像你们村这么穷，你一直这样做下去，还能做多久？我不帮你，看你又可怜，每天都这么多病人，你有多少来支撑下去？干脆不用行医了，到外面去打工还能找一些钱回来！"

2003年，李春燕的卫生室就因为亏损太多难以为继。一天晚上，李春燕和孟凡斌一起回顾她行医以来的所有经历，查找一步步滑向深渊的原因。孟凡斌说："我们建立卫生室没有错，卫生室面临关门也是必然的，不是我们经营不当，而是你有一颗菩萨心肠，是我们这里老百姓生活得困难，生得起病看不起病。"

"为了卫生室，我们在精力上和物质上都付出了很大的代价，光靠我们俩的能力是无法改变这种状况的，这需要更多人来关注。这几年来，如果不是卫生室的拖累，也许我们会和其他人一样，过着正常人的生活，或许比别人过得更好一些。"孟凡斌皱着眉头说，"我们必须选择另一种生活方式。"

听到孟凡斌的这些话，李春燕意识到，为了她梦想中的这份事业，丈夫和家人确实付出了太多的牺牲——这三年以来，孟凡斌除了在结婚时买了一套60元的新郎装外，再也没有增添过一件新衣服，当然李春燕也没有买过。看着孟凡斌那几套满是补疤的旧军装，李春燕感到无比心疼。

猛然看到自己的药架，几乎就只剩下一点酒精，全部的药都已经用完了，李春燕再也没有钱去买药，她决定不再行医了——对找上门的病人，她告诉他们说，自己已经不再行医了，要看病只有到医院。

李春燕没有药以后，有一段时间病人找上门来得少了，她希望就此过上正常的生活。但没过几天安稳日子，村民们还像往常一样找上门来——因为没有药，有些村民的病很重，只好到县城去治疗，但县城医院不仅收费高，而且在县城还有许多的花费让他们不堪重负。很多病人在县城医院开药回来，让李春燕帮他们打针，她还是和往常一样忙。

渴望过上正常生活的李春燕，在家里没有休息多久，平静的生活又被一户人家的病患所打乱。该村民当时急匆匆地赶来，对李春燕说："我老婆快要生孩子了，年龄太大，已经痛了两天了。"李春燕说："我药架上已经没什么药了，你们自己想办法吧。赶快找钱送医院，不能再拖了。"

村民说，"李医生，你别这样，我们全家的希望都寄托在你身上了，如果有钱的话，我们早就送医院了，你赶紧走吧！就算我求你了。"看到村民那急切的样子，李春燕心软了——她如果不去，这位产妇就有可能会出问题，她心里会感到不安，她背着药箱，跟着村民就走。

当时在李春燕家，有的病人康复了，还剩下一些药品，他们对李春燕说："还有这些药，你就先留在这里，等别人生病了你就拿来用吧。"李春燕和孟凡斌都十分感动，夜深人静的时候，他们在反思自己，怀疑自己思想变落后了，连群众的觉悟都比自己高。

孟凡斌很耐心地对李春燕说："没办法，你已经是村民的精神支柱了，继续做下去吧。哪怕砸锅卖铁，我也要支持你，到大塘村有第二个医生出现的时候，你再还我一个完整的家。"就这样，李春燕已经放弃了一段时间的行医生活，又重新开始了。

⊙→ 耕牛卖光卖首饰

★★★★★

2003年10月的一天晚上，凡斌爸又将最后一头牛也卖了，得到1500元钱，全部交给了李春燕。和第一次给钱时一样，同样在晚上，昏黄的灯光下，李春燕接过公公递过来的钱时，泪水再一次模糊了眼睛，她强忍住不让泪水流出来。

这第二次卖牛的钱，很快也被卫生室给吞掉了，变成了越来越高的账本。

2003年底，李春燕的卫生室进入了最为艰难的时期。除了厚厚的一摞账本以外，药也没有了，钱也没有了，还在丈夫孟凡斌手上留下了近6000元的借条。这还没有包含孟凡斌倒贴的一年—万多元的交通费。

孟凡斌表示要支持李春燕，但他能够动员的就是父亲，而凡斌爸的那头牛已经卖了钱给了李春燕，用来买药一下子就花光了。卫生室再次陷入困境。怎么办? 李春燕急得团团转。为了筹集资金，她想了很久，最后决定把结婚时凡斌家族送的用来压箱底的祖传银饰卖掉，筹集一部分钱进药，把卫生室维持下去。

卖银饰的那天，有几个村民知道了李春燕的意思，上前阻拦说："李医生，你不要卖，这是祖传的东西，十分贵重。如果你卖了，那你的下一代将永远没有这个东西了，就等于传了几代的银饰将在你的手上失传，还是慎重考虑吧。"

李春燕说："我已经管不了那么多了。卖掉以后再说吧。"

李春燕也知道这些银饰是祖传的信物，是苗家最重视的传统，它不仅仅是压箱底的财产，更重要的事，它作为一个家族的象征，只要人在，再怎么穷、怎么苦，这些东西都在，都不能随便打卖掉这些银饰的念头。

但建了新房以后李春燕的卫生室没有药，病人来了她无计可施。银饰卖掉了以后还可以花钱再买回来，可是如果病人没有医生，得不到及时治疗，失去的生命能够重新找回来吗？

李春燕卖掉祖传银饰，让孟凡斌家叔伯兄弟老老少少大为震惊，包括公公婆婆在内，许多人都在说孟凡斌，说他是败家子，说他是不肖子孙。李春燕听了心里很不是滋味，因为大家嘴上骂的尽管只是孟凡斌，但实际上是说她的不是。孟凡斌任凭家人的责备，一句话也没有说。

李春燕用卖首饰的钱又进了药。李春燕的药架上又恢复了药品供应，她以为病人能够又来看病，结果等了好几天，就是不见一个病人。后来问了别人才知道，许多村民都知道她卖掉了祖传银饰才买的药，都不好意思来看病，结果小病能拖的就拖，后来成了大病。

李春燕知道后，就对村民们说："你们不能这样拖了，把身体拖垮了怎么办？先要把病治好了，药费的事情以后再说。"很多村民听了很受感动，渐渐又来到李春燕的卫生室。

⊙→ 卖掉丈夫定情物

☆☆☆☆☆

卖银饰的钱坚持了几个月后，李春燕的卫生室再次陷入绝境。她绞尽脑汁地想，把家中值钱的东西都想了好几遍，最后她的思维定格在自己身上戴的耳环、戒指上。

耳环、戒指是订婚时丈夫孟凡斌给李春燕的定情物。众所周知，不只是苗族地区，许多地方都是非常看重年轻人结婚时的礼物的，那是爱情的见证，是对方的一颗心。李春燕更加清楚这一切，但卫生室只赔不赚，她已经没有办法了。

李春燕再次断药的时候，来找她的病人又渐渐多起来。看到来找自己的人，看到这些患者充满渴望的目光，看到许多人拖着有残疾的身子来到家里，李春燕真的看不过去。再说都是乡里乡亲的，她觉得给村民们看病治病更重要。

想清楚以后，一个星期天的早晨，李春燕就和村里的姐妹走着弯弯曲曲的山路，翻山越岭，去县城卖订婚时孟凡斌送的耳环和戒指。

李春燕独自一人悄悄走向金银加工店，看了许久，手里捏着戒指和耳环，站在门口好长时间，犹豫不决。店老板认为她是来买戒指的，问她要买什么样式的耳环或者戒指，李春燕心里酸溜溜的，吞吞吐吐地说："我想卖……"

店老板又问李春燕："你到底买还是不买？这些，这些不好看吗？"店老板从他的柜子里拿了几件给李春燕看。李春燕鼓起勇气递到柜台问老板："你看我这耳环和戒指能值多少钱？"

金店老板眯着眼看了看，又拿去称了称，说："可以值480元。你卖不卖，给你的是最高价钱了。一般收回来的都是这种价！"

李春燕说："能不能多给20元？"

"这价够高了，不卖，你拿回去吧！"

一句冷冷的话，让李春燕的头嗡嗡作响，全身发热，心里不免又多了一份内疚、一份眷恋。才480元，太少了，原来买的时候不是这个价。她想，卖了回家孟凡斌肯定会知道，一定会骂自己的。"那进药的钱呢？还有等在家里住院的病人呢？他们怎么办？别想这么多了，卖就卖了。"李春燕想，如果有一天，自己有钱了，再买更好的。

接过那480元时，李春燕感觉手上的钱特别重。她低着头，又高兴又愁。

耳环、戒指都卖了，把药进回家为人看病。晚上孟凡斌回到家，看李春燕脸上，似乎和平时不一样，随后发现了秘密。李春燕脸红了，心跳加快。

孟凡斌问："你耳环呢？"

李春燕说："取下来不戴了。"

孟凡斌又问："戒指呢？"

李春燕说："现在规定，乡村医生不准戴戒指。"

后来孟凡斌知道李春燕悄悄把耳环、戒指卖了，一时难以接受，生气地对李春燕说："你什么都卖了，连我给你的结婚礼物也卖了，那下一次该轮到卖我了。"

看到孟凡斌真的生气了，李春燕禁不住哭了起来，十分伤心。

其实孟凡斌是通情达理的，他有苗族人宽广的胸怀，有军人坚强的意志，在兴办卫生室的前前后后，是他为了自己不食言，做了许多努力，用他那厚实的肩膀和脊梁，做了李春燕坚强的后盾。

➡ 融为一体离不开

★★★★★

在李春燕再次遇到困境后，又想起榕江县张老板跟她谈的那一席话。那些话让李春燕的心像打翻了的五味瓶，酸甜苦辣一齐涌上心头。李春燕知道，张老板是对自己好，要不也不会拿药帮助自己。李春燕也曾经动过外出打工的念头，但一直拿不定主意，在她断药的时候，病人总是特别的多。

也不是李春燕不想离开，是病人不愿意她离开——每次她要出去打工谋生时，许多曾经拖欠过药费的患者用鸡蛋、鸭蛋来偿还了药费；为了不让李春燕走，一些家庭甚至把家里珍贵的大米卖了还李春燕的药费；村里80岁以上的老人，还有几位生孩子时没有医生接生而留下终生疾病的妇女和五保户老人不让李春燕走，他们还需要李春燕去给他们看病，李春燕能离得开他们吗？

尽管老百姓手上没有钱，可是有的是时间，到农忙季节，李春燕田地里的农活忙不过来，村里的妇女就主动帮助李春燕，帮她插秧、种玉米、收谷子……他们只能用自己双手的劳作来表示对医生的敬意。

李春燕深深感受到，村民们曾经受过很多的苦难，已经害怕上县城或其他地方的医院去看病，一个是检查的费用和药品的费用太高，另外住宿费、生活费等许多开支也很高，在大塘村里离家近，许多事情回家就可以解决，成本低了许多，大塘确实离不开医生。

大塘村常年缺水，冬天枯水季节，大家都要到两公里以外的水井里去挑水，水井里每天24小时都有人挑水。李春燕的公公婆婆人老体迈，丈夫在外边打工，有时候她家里连煮饭的水都没有。如果要等到她出诊回来再挑水做饭，全家人就可能连饭也吃不上，有些村民就趁她不在家的时候，挑水倒进李春燕的水缸里，她出诊回来，看到水缸里有水，特别高兴，促使她下决心更加努力为村民服务。

李春燕的生活也和村里百姓一样，她也是一个农民，家里同样要种田种地，她也同样要早出晚归，在没有病人的时候，她也同样要和村里的妇女们一样下地干活，星期天她也要和村里的妇女一道挑米挑糠步行两三个小时到县城去赶集。有些妇女不懂汉语也不会算账，李春燕还要帮她们算账讲价。

李春燕和妇女们不一样的地方是，每次赶集回来，村里的妇女卖东西得到的钱可能用来买糖回家逗小孩，而李春燕卖东西换来的钱大多用来买了药。回家的时候，村里的妇女们帮她挑回家。

李春燕深深地感到，不管是冬天还是夏天，不管是刮风还是下雨，不管是花开还是花落，她已经和本地的村民融为一体，她已经离不开他们了。

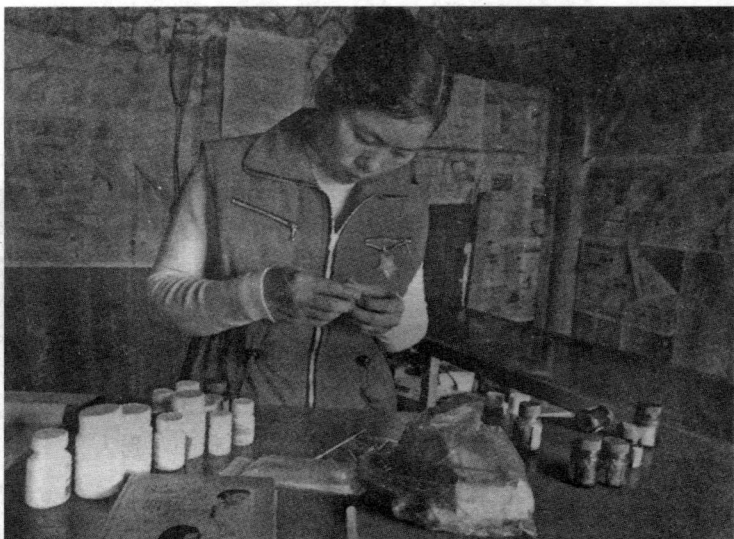

△ 李春燕在查看药品的有效期（黎光寿摄）

临别之际猛回头

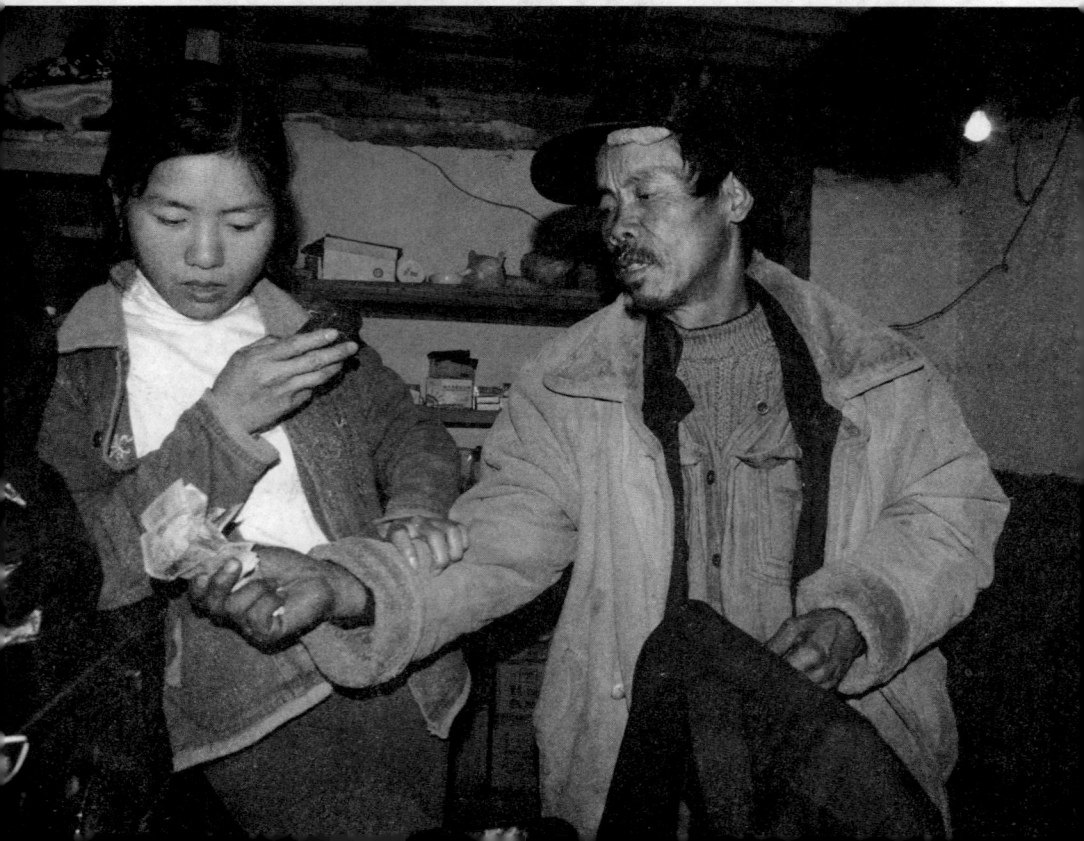

→ 历经磨难苦中苦

★★★★★

新的困难接踵而至。在孟凡斌家的老房子被法院查封以后，孟凡斌连续跑了几个月的车，挣了一些钱还了堂弟孟凡彪的借款，然后就停车建房。三个多月没有用车，车子就停在大塘村中央的一块平地上。

在李春燕夫妇把房架搭好以后的几天，客人比较多，有一天两个客人喝醉了酒，悄悄地爬上车，拉开了汽车的手刹。正好一帮小学生放学路过，看到车上有人，就在车后集体用力推车，被推起来的农用货车控制不住，翻倒在村边土沟里，断成两截，所幸无人员伤亡。

这辆车是孟凡斌辛苦几年换来的成果——他最初从信用社贷款买来，花了两年时间终于还完了贷款，当时这辆车就完完全全地归他了。可是被推倒摔断以后，他两年的成果化为乌有。李春燕听到孟凡斌的车出问题时，她脑海里不断翻滚的是卫生室的巨大开支，不断浮现的是全家人的生活，全都没有着落了，她感到天旋地转。

2004年春节，已经是翻车之后的第一个春节，也是盖房之后的第一个春节，晚上睡觉的时候，李春燕对孟凡斌说："我们实在太穷了，过年都不像个样子。"孟凡斌安慰李春燕说："没事，我俩其实也挺富有的，到现在，至少我们的感情还在。"李春燕听了孟凡斌这番话，心里感到了一丝安慰。

孟凡斌还对李春燕说："困难是暂时的，不会把我们压垮，以前我们开车，做生意，现在车没有了，生意也不做了，收破烂也很赚钱，至少我们还可以收破烂嘛。"春节刚过，他们就开始了回收废品的计划。

在农闲的时候，孟凡斌每天背着一个口袋，手上拿着一把火钳，就在村里四处游走。他每天把回收的废品都背回家里。李春燕就在家里回收村民交来的废品，顺便也可以给患病村民看病。

他们家里到处都堆满了村里人不用的废品，从塑料瓶、塑料袋、废纸、废钢废铁什么都有，家里怪味阵阵，苍蝇蚊子四处飞舞。李春燕和孟凡斌夫妇还遭遇了许多指责。

这种指责是以指指点点的形式存在，多数是在他们身后进行，也有少数村民在和他们迎面相遇时，他们热情地向别人打招呼，但迎来的却是对方朝地上吐的一口唾沫；村里的小孩见到他们的时候，也投来鄙夷的目光，喊着很难听的话远远跑去，令他们无可奈何。

当时，有些人路过李春燕家房前屋后，都用手掩住自己的口鼻，嘴巴上说"快走快走，味道不好"，唯恐在李春燕家门前多留一步，被什么东西拴住了腿；还有的干脆就朝李春燕家门口狠狠地吐上一口唾沫——"呸——"的一声十分响亮，十分刺耳。

李春燕在想，难道是她错了吗？命运为什么对她这样不公？她一遍一遍地问自己。她的心在流血流泪，她恨自己不争气，恨自己拖了孟凡斌的后腿，恨自己为什么落到这个地步。

孟凡斌好几次想动员李春燕出去打工，她都想到父亲的那句话："无论多苦，欠多少债，你都不能离开大塘村，因为你是村里唯一的医生。"李春燕当时也还不能下定走的决心，只是希望哪一天，欠她药费的村民们能够把药费还回来，让她能够买药，能够养活自己，能够让自己多多少少有一点做人的尊严。

→ 屋漏偏又垮地基

☆☆☆☆☆

屋漏偏逢连夜雨，船破偏遇打头风。好不容易过了冬天，2004年春天过后，从江进入雨季。李春燕的房屋还有一间没有盖上瓦片，那间屋朝南，柱子立在石头砌起来的堡坎之上，堡坎高度大约有10米，内中没有混凝土粘接，他们担心夏天出事故。

早在2003年冬天那场雪之后，孟凡斌和李春燕还是没有能够获得足够多的钱买瓦片盖那间屋，只是用车篷布简单地遮挡了一下。每逢下雨天，外边下大雨，屋里下小雨，全家都不敢睡觉。

5月的一天深夜12点多，劳累一天的孟凡斌全家都已经进入梦乡，但天上一直在下着大雨。突然"哗啦啦——"一声把李春燕惊醒，房屋上"格——格——"的声音直刺耳朵——她感觉房屋正在倾斜，屋顶上的瓦片像冰雹一样落在临时安装好的天花板上，好像地震一样。房屋外面暴雨如注，哗哗声震耳欲聋。

刚从梦中惊醒的李春燕本能地大叫："完了完了，我们的房子垮下来了。"她用手电四处寻找垮去的地方，发现厨房的那一间垮下去一个角，一根柱子已经悬空，楼枕弯了下来，包括她卧室在内，几间房墙壁已经开裂……

孟凡斌和凡斌爸也在第一时间被惊醒，拿着手电四处查看，上楼拉扯汽车的遮雨布，力图把还没有盖住的房屋多盖住一点，避免房屋受雨出现更大事故。熟睡中的村民也被这一声巨响震醒，许多人冒雨来到孟凡斌家，对李春燕说："只要不把人埋进去就好。"

凡斌妈大声地哭着，嘴里不停地指责老天爷不公，她拉着凡斌的手哭着说："你命苦呀！从小到大都没过上几天好日子呀！好不容易才有现在，又……"旁边的村民也在落泪，李春燕也在落泪。

许多村民留下来陪着孟凡斌一家坐到天亮，生怕房屋第二次又倒下来没人帮忙。尽管村民都很热情，但这件事彻底击碎了李春燕留在大塘做医生的梦想。她的日子开始过得百无聊赖，没有目标。

→ 困境仨月想肉味

★★★★★

2004 年 7 月的一天，李春燕和孟凡斌在地里干活。吃午饭时，李春燕突然特别想吃肉，对孟凡斌说："我们家里已经三个月没有吃上肉了，也有半个月没有油吃了，你晚上能不能去买一斤肉回来，我们全家好好地吃上一顿。"

孟凡斌正在吃辣椒，不知道是李春燕的话刺痛了他，还是辣椒辣得他受不了，只见他的眼泪像小溪水一样喷涌出来，他酸溜溜地对李春燕说："买肉的钱，都已经在你的药架上了，你也知道肉好吃了？"

孟凡斌的话，让李春燕半天说不上话来。

不过，晚上收工时，孟凡斌让李春燕先回家做饭，他自己去了大寨。回到家的时候，孟凡斌手上拿了一斤肉回来，李春燕问了才知道是他向肉贩赊来的。

吃完晚饭，孟凡斌对李春燕说："我们不能再继续这样生活下去了，要想吃上肉，我们就必须得先放弃卫生室，一起到广东打工，如果你同意，我就跟在广东的战友联系。"

"如果我们去打工了，那家里怎么办？父母都老了，万一他们有个什么三长两短，没有人照顾怎么办？"李春燕问孟凡斌。

孟凡斌回答："还有大哥大嫂他们照顾。如果生病了，打电话叫你爸爸过来。"

"那孩子呢？"李春燕问。

"送到外公外婆那里去。这样就不用愁小孩生病了。"孟凡斌答。

当天晚上，孟凡斌给远在广东的战友打电话。战友说是年中，很多厂的编制都满了，找个工作挺困难的。

第二天晚上，战友打来电话说，他已经跟他们老板谈好了，孟凡斌到厂里去当保安，稳定下来后再一起开厂里的车，而李春燕直接去厂里的门诊部门工作。

孟凡斌的战友还说，他老婆也在厂里上班，他们租了一套房子。孟凡斌夫妇到东莞之后，就住到他们家里，他们负责孟凡斌夫妇一个月的伙食。

李春燕想，靠自己和丈夫孟凡斌的本事和勤劳，外出打工，一方面，他们怎么也能让自己过上正常人的生活；另一方面，有钱了才可以更好地为群众服务。

当时受爱德基金会资助到黎平卫校读书的从江籍同学，最初一共有 25 名，毕业后都回家做了村医，但三四年下来，只有包括李春燕在内的三个人还在做村医，其他人都外出打工去了，许多人过上了正常的生活。

李春燕想，为什么自己就不能像同学们一样呢？自从到大塘以来，不仅仅孟凡斌受到连累，而且公公婆婆也跟着受苦受累，出去挣一点钱，让家里过上正常的生活，弥补弥补一下家庭也是应该的。

在李春燕这样想的时候，她又想到了爸爸李汉民的话。但现实的问题是，她自己的生存问题都无法解决，怎么能坚持下去呢？虽说是父命难违，但为了维持最基本的生存，就违抗这一次吧。她想："我出去打工，赚了钱再回来做医生，不是也很好吗？"

一直以来，群众没钱看病是困扰李春燕的最大问题。在没有药的时候，特别是房子垮了一角之后，她满脑子想的都是钱——如何才能找到更多的钱，钱可以生钱，钱可以养活一家人，还可以救很多穷人的命，穷人更应该有一个健康的身体，才能下地劳动。

想到这里，李春燕给孟凡斌提了一个条件："等到打工赚到钱以后，我再回来开门诊。"孟凡斌回答："行，等以后我们有钱了，你爱做什么都行。"

→ 外出打工成选项

★★★★★

经过了一晚上的思想斗争之后，李春燕正式把外出打工谋生当作了人生中的一个选项，她开始和丈夫孟凡斌一起筹集外出的路费，做一些外出前的准备工作。她外出的目的地是广东。

为了筹集去广东的路费，2004 年 7 月份，李春燕和孟凡斌挑着大米和米糠到县城去卖，孟凡斌挑的一担大米有 96 斤，李春燕挑的米糠一担有 70 斤。

一路上，很多人看到李春燕和孟凡斌挑着担子往县城走，都觉得很奇怪，都问孟凡斌怎么一下子从一个开车的人变成挑东西的人了。有几个本地的司机，看到孟凡斌和李春燕都挑着担子，主动停下车，让夫妻俩上车。

孟凡斌谢绝了这些司机的好意。车子走后，孟凡斌边走边唠叨："悲哀啊，我们怎么就沦落到让人可怜的地步了？我这一辈子最不希望的就是别人的可怜。"

"我们的打工生涯，就从这里开始了，不管肩上的担子有多重，都要靠自己一步一步地将担子挑到目的地。"孟凡斌对李春燕说。他们走了两个多小时才到县城。大米和米糠一共卖了 124 元，又找朋友借了一些钱，已经凑够买车票的钱了。

确定离开之后的一天晚上，李春燕拿出账本，将里边的欠账单抄出来，准备贴到屋外墙壁上，比划了几下，但很快放弃了在外边贴账单的想法，把账单贴到了屋里的柱子上，一边贴一边流泪。她想，把账单贴在屋内，自己知道有多少就行了，给欠账的乡亲们留一点尊严吧。

贴完这些账单之后的那个周末，李春燕和几个妇女在地里劳动，对她们说："我准备出门打工去了，以后就不能给你们看病了，你们有病，一定要去医院。"

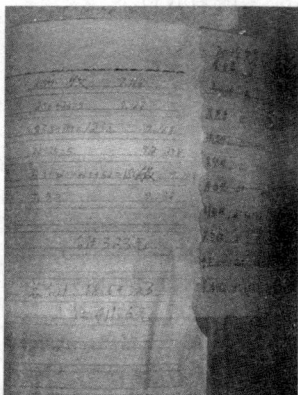

△ 李春燕和丈夫贴上账单，准备外出打工

临别之际猛回头

☆☆☆☆☆

时间过得很快，2004年的国庆节很快就要来到，距离李春燕和孟凡斌要外出打工的日子也越来越近了，他们已经买好了车票，只等家里收拾妥当，夫妻俩就高高兴兴地走上去广东的旅途，新的生活就将迎面而来。

但在夫妇俩临出发前的那天晚上，家里突然来了很多人，拿出皱巴巴的一元、两元的零钞交到李春燕手上，对李春燕说："李医生，你不要走，你走了以后我们生病了该怎么办？""我们媳妇生娃娃了该怎么办？""我们的孩子半夜生病了该去哪里找医生？""这是我们还你的药费，不够的部分，明天我们把家里的米卖了之后，再给你补上。"

最可怜的是五保户，余努咪甚至哭着对李春燕说："姑娘呀！你走了我可怎么办呀？以后有谁来为我看病呀？这几年如果没有你来照顾我，也许我早就死去了。如果这次你真的去打工了，也许我也活不了多久了。"

许多老百姓说了许多挽留李春燕的话。一个晚上，她收到了100多元的药费。有的村民没有钱，就把家里的鸡蛋或者鸭蛋拿来，一个蛋抵0.5元。这天晚上，李春燕收到的鸡蛋鸭蛋就有几百个。

捏着乡亲们交来的一把皱巴巴的零钱，又瞅了瞅乡亲们送来的鸡蛋鸭蛋，李春燕百感交集，什么话也说不出。在她的心里，这些是多么淳朴、多么善良的父老乡亲啊！难道就这样离开他们吗？难道就这样抛下他们的生死不管吗？从父老乡亲脸上，李春燕领会了他们眼神里的信赖和期盼。

李春燕想到，在她还没来大塘村之前，因为没有医生，妇女生孩子难产，要么痛苦地死去，要么留下终生的疾病；许多老人生病了不能就近治疗，提前结束了他们劳苦的一生；有很多穷苦的人，因为交不起到医院治疗的费用，生病了只能硬挨，小病拖，大病磨，实在行找巫婆……

难道还要让大塘村悲剧重演吗？李春燕还想起刚开卫生室的时

候，她那在乡村行了一辈子医的父亲告诫自己的一句话："不管多苦，欠多少债，你也不能离开大塘村，因为你是这里唯一的医生！"

李春燕还明白，村民拿来还她的钱，每一分，拿到手都是不容易的——他们也需要像李春燕为了筹集外出打工的路费一样费力，许多人需要挑米挑糠到县城里去卖，也同样要走 15 公里的山路。

△ 房屋塌掉一角后的内景

面对这样的父老乡亲，难道要让他们在失望中陷入绝境吗？难道要让他们因为一个小小的感冒而失去生命吗？难道要让新生婴儿在出生时和出生后因为没有医生而离开这个世界吗？要让生孩子的妇女在过生孩子的鬼门关时死去吗？李春燕越想就越不敢想。

当天晚上，李春燕收到村民交来的钱，加上和孟凡斌一道卖米卖糠挣来的钱，已经是 300 多元钱了，再把村民送来的鸡蛋鸭蛋卖掉，钱已经不是小数目了。想到这里，李春燕突然改变主意，跟孟凡斌说，她决定不去广东打工了。孟凡斌听了以后非常吃惊，暴跳如雷。

当天晚上，李春燕和孟凡斌大吵了一架，孟凡斌对李春燕咆哮："我这辈子最守信用，这次外出打工是我们共同的决定，现在你又说不去了，你让我以后怎么办？我怎么向我战友交代？啊？！"

李春燕也不示弱，对孟凡斌说："你得罪了你的朋友，我确实不知道怎样帮你挽回，向他解释好了总可以说得过去。可我出去了，我就得罪了我们寨上所有的人，他们生病了怎么办？你愧对的是一个人，我愧对的是一寨人，你也应该为大家想想！"

两个人就这样你一言我一语的，吵了整整一个晚上。孟凡斌最后对李春燕说："你卖银饰，我忍了。你卖掉耳环、戒指，我还是忍了。可现在说好要出去打工，你却又反悔。我们已经走到了倾家荡产的地步了，你还是那样的执迷不悟……"

第二天早上，也就是 2004 年 8 月底，孟凡斌离开家到县城打工去了，去为信用社开车。孟凡斌生了李春燕的气，去了一个多月，一直没有回家。孟凡斌往家里打电话的时候，只跟父母和孩子说话，好几次李春燕好不容易抢到话筒时，电话那头的声音却断了。

守护生命八小时

→ 吴家生个小男孩

孟凡斌负气出走以后，李春燕继续在村里行医，尽管她手上的钱已经没有多少了，药也很快面临山穷水尽的地步，但她一直在坚持。她不知道这条坚持的路什么时候会到尽头。

2004年10月3日一大早，李春燕刚起床，村口的吴昌军就打来电话，说他老婆快要生了，让李春燕去给他老婆接生。李春燕背上药箱很快就到了吴昌军家。

吴昌军家在村头半坡上，是一栋半山坡上的吊脚楼，一楼四壁用几块木板简单拼凑围成，里边放养着一头不到一百斤重的猪；二楼墙壁则要细密些，在屋里烧上火，就可以度过漫漫寒冬；屋顶是用杉树皮盖着的。当地没有钱买瓦的家庭，才用杉树皮做屋顶。

吴昌军的妻子和李春燕同岁，生一个孩子是她嫁入吴家之后的最大凤愿。但她怀第一个孩子七个月时，坐拖拉机回娘家。孩子在拖拉机的强烈抖动下早产，很快失去了生命。后来她又怀了两个孩子，一个怀了八个月，一个怀了四个月，都没能活下来。这种情况叫习惯性流产，李春燕知道，一个妇女形成习惯性流产以后，要想保住孩子很艰难。

在已经失去三个孩子之后，李春燕理解这个家庭想要一个孩子的急切心情。李春燕给产妇检查了一下，发现有些不太正常，吴妻说腹痛，问李春燕能不能保胎。李春燕对产妇说："既然这样，就说明已经临产了，已经不能保胎了，就干脆生下来吧。"

李春燕对这个孩子还是比较了解的，这个孩子刚怀上的时候，李春燕就一直帮助保胎，好不容易保了七个月，当时距离预产期还差两个多月。李春燕知道，这类七个月的早产儿，心脏和器官发育没有完全成熟，活下来的可能很小。

在李春燕的帮助下，接近中午，孩子生下来了，是个男孩，第一声啼哭非常响亮，头发长得乌黑乌黑的。

孩子生下来后，李春燕一直在吴家观察孩子的情况，连续三个小时没什么变化。中午一点多钟，李春燕想回家看看，就对吴家人说："你们看一下，如果这胎儿有什么情况，就赶紧打电话给我，我马上过来。"

李春燕走的时候，吴家给了她两块钱的红包，算是给她接生这个小孩的报酬。吴昌军充满歉意地说："我们家也没有钱了，只有这两块钱，你就拿去，多谢你了。"

→ 路上有批志愿者

★★★★★

在 2004 年国庆节，我和来自北京、上海的 13 位青年朋友来到了从江县雍里乡，看望先前到大洞小学开展学习陶行知教育活动的志愿者李光对。当时李光对与大洞小学开展合作，在该小学拿出两个班，合作创建了大洞复新学校，以志愿者为主体推广陶行知教育思想。

无论是李光对的志愿者活动，还是我们前往看望志愿者的活动，都得到了时任黔东南州政协邵平南的支持，在我们抵达凯里市的时候，他请我们吃了饭，在我们出发前往从江前夕与我们合了影并送我们上车。在后来我们成立"第九世界公益俱乐部"后，他负责接收我们从全国各地寄往从江和月亮山区的物资，并安排车辆送到被资助人手中，因而被许多志愿者亲切地称为"第九世界的运输大队长"。

在 2004 年 10 月 3 日这一天下午 1 点钟左右，我和来自中国扶贫基金会的杜娟、北京首都经济贸易大学刚毕业的学生刘志洁等，在雍里乡党委书记罗朝明的带领下，来到了大塘村。我们第一次看到大塘村的时候，觉得这个村庄坐落在一个高大的山梁上，层层叠叠的房子显得十分壮观。

我们当时到大塘村的目的，是希望了解一下这个村里的一些简单的经济状况，比如人口多少、土地多少、学生多少、困难学生多少等等和助学有关的内容。我另外还想了解一下这个村里的医疗卫生状况，便于此后做公益活动的时候作为依据。罗朝明把我们送到大塘村中间的学校之后，就让我们自己调查走访，他在学校等我们调查回来。

我们询问到大塘村有一个老村主任，对村里情况比较了解，我们立即前往老村主任家。在路上正好碰到了李春燕，她当时穿着红色的外套，身材瘦削，脑袋显得比身体还大，一副营养不良的样子，肩上还挎着一个药箱，正在急冲冲地朝我们相反的方向赶。

我看见李春燕背着药箱，就微笑着向她走去，问："你是这个村的医生吗？"她回答说："是。"立即又反问道："怎么了？"我告诉她我们是从北京来的志愿者，在大塘村做社会调查。我问她："能不能给你拍一张照片？"

李春燕后来说，当时她想，来搞社会调查，一定就是学生了，看看稀奇，拍一张照片玩玩也没什么事，对她也没什么坏处，也就答应了。李春燕很配合地在往学校方向走的路上回眸一看，我就用数码相机给她连拍了两张照片，她一看还笑了起来。

我问李春燕："你家在哪里？"她顺手往南边一指，回答我说："我家在那边一个小寨子，从学校过去就到了。"

"等一下我们来你家好吗？"我问她，我计划把老村长走访完了之后，再去一下李春燕家，了解一下大塘村的医疗卫生状况。她说："可以，欢迎你们。"跟我们还没有说完，她就急冲冲地走了。

我们在老村长家待了大约一个小时，又往学校走，准备去李春燕家。而李春燕在家里刚换完药品，就又接到吴昌军家打来的电话，说他们家的孩子又不行了，哭声变小了，皮肤变紫了，让她马上过去，她抓上药箱马上出发。在学校操场，我们再次相遇。

刘志洁眼睛敏锐，第一个看到李春燕就问："你到哪里去？"

李春燕说："我去出诊。"

"去哪儿出诊？"刘志洁问。

李春燕说："到一个小孩家去，一个刚出生不久的小孩现在生病了，我得赶紧去，慢了怕来不及了。"

刘志洁问："我们可以跟你一起去吗？"

"可以。"李春燕说。

说完，李春燕和刘志洁就朝村头上跑。我和杜娟走在后面，看到刘志洁和李春燕急冲冲地往村口赶，似乎一路小跑，我们就跟着跑，就这样来到了大塘村口的吴昌军家。

需要什么都没有

★★★★

　　来到吴昌军家，李春燕直奔女主人的房间。这个房间很小，里边放了一张小小的床，光线非常昏暗。刘志洁建议把孩子抱到客厅来。在客厅明亮的光线下，李春燕看到，孩子全身青紫的皮肤格外惹眼，这是窒息缺氧的症状，原因是孩子早产，体内器官发育不全，在出生时羊水堵塞了他的气管。

　　我步入吴昌军家房门时，全身青紫的孩子躺在奶奶吴耶眯怀里，长约 30 厘米，沉睡不醒。几个老人在一边目不转睛地看着孩子，有的眼角还噙着眼泪。当时李春燕对孩子采用的是胸部按摩法，有节奏地按压他小小的胸部，刘志洁用手不停地按压孩子小小的腮帮。

　　在吴耶眯的怀里抢救没有任何效果，随后，吴耶眯把孩子放在一只宽大的板凳上。李春燕把小孩的两只小手放在他小小的胸上，有节奏地按压孩子的小手，她说："只要孩子哪怕只哭出一声，肺叶就会张开，事情就会好转。"

　　结果还是没有一点反应。李春燕认为需要用吸痰器，将体内的羊水吸出来。但是没有吸痰器，就用注射器，给他抽了一下，也没什么动静。

　　她想到了刚到大塘时所接生的蒋家的孩子，当时蒋家生下来的是一个不会哭的胎儿。当时以死胎为由丢弃了一个不会哭的胎儿，李春燕认为这个孩子是活的，只是羊水堵塞了气管，需要对孩子进行人工呼吸。连做了两次人工呼吸后，孩子"哇——"的一声大哭起来。

　　对吴昌军家的孩子，李春燕决定做一次人工呼吸。只见李春燕在按压无效、注射器吸痰失败的情况下，将自己的嘴对准孩子的小嘴，凑过去，轻轻一吸，随即将一口黄色的液体吐在随身带的纸巾里……又继续凑过去……还是没有一点反应，皮肤继续青紫，渐渐失去光泽。刘志洁一直在帮助李春燕，不停地按压孩子的胸腔，也毫无反应。

　　我退出门外，无意中看到一个满脸都是皱纹、满头都是蓬乱花白头发的老太太，她颤颤巍巍地扶着门，探着头，用昏花的眼睛看着孩子。那时，时间是那么的漫长，仿佛凝固了。老人大约 80 来岁，她看了一会儿，很无奈地扶着门，又颤颤巍巍地离开了，仿佛她对这个生命也失去了信心。

在大塘村的山坡上，手机信号很弱，我们几经周折终于联系到可以询问的人——刘志洁的母亲——她是妇产科专家，在中国疾病预防控制中心工作，她原来在内蒙古大草原做赤脚医生，对抢救刚出生的婴儿有丰富的经验。她告诉我们"不容乐观，要做好准备"。

刘志洁一边拿着电话向母亲叙述病情，一边问李春燕："有氧气没有？"

李春燕回答："没有！"

"有温箱没有？"刘志洁问。

"没有！"李春燕回答。

"那，至少有消毒工具吧？"刘志洁问。

"没有！也没有！！"李春燕似乎被问急了。

"好吧，如果能送最近的医院，可能还有一线希望，但是记住，不要太乐观了。劝劝他的家人吧。"刘志洁比画了一个无望的手势。

刘志洁悄悄对我说，如果有氧气，有温箱，有消毒工具，或许能够挽救这个脸色青紫的孩子，但李春燕的医疗装备只有两把止血钳、一把剪刀、一个听诊器、一个体温表，远远达不到挽救这个生命所必需的条件。她想象中乡医院的条件和设备应当比李春燕的好一点，希望能够将孩子送到乡医院治疗，或许可以挽救孩子的生命。

"乡医院的条件比我这里好不了多少。没有氧气，也没有温箱。"李春燕答道，"只有送县医院。"

"去县医院！"刘志洁斩钉截铁地说。

但吴家人不肯送医院。奶奶吴耶眯回答的第一句话是"我们没有钱"。刘志洁说："我们有，我们给你们出。"当时刘志洁身上有 1200 元，杜娟身上有 800 元，再加上我身上的钱，差不多够抢救这个孩子。刘志洁说话时，我们三人相互扫了一眼。

李春燕用苗话跟他们说："这些远方来的朋友说，去医院随便花多少钱，他们为这小孩出，你们不花一分钱，去不去？"他们家人说："我们结婚好几年了，一直都没见一个小孩，既然现在有人帮我们，我们肯定去。"孩子的奶奶决定跟我们一起去。

→ 傍晚决定去医院

★★★★★

　　刚刚解决了钱的问题，交通的问题立刻又浮现出来，吴耶眯又在打退堂鼓——"县城远，没有车，来不快。"当时大塘村虽然已经修通了公路，但因为大家平时也不经常出去，到这里来的车很少，道路也被雨水冲刷得凹凸不平，孟凡斌的车很早以前就不开了，况且他刚刚负气出走，也不在村里。

　　杜娟说打120，李春燕说有40里，山路，急救车来回至少需要一个小时，怕来不及。我们第一次感到——贫穷和不便的交通，给农民家庭带来的痛苦不仅仅是外出时一走就是几个小时的劳累和辛苦，而是生命不保，或者是生离死别！

　　"找罗书记。"杜娟动作麻利地打通了罗书记的手机，请他开车送孩子到医院去治疗。罗书记回答"马上到"。当天晚上我们还准备为大塘村放电影，所有的机器设备都放在罗书记的车上。接到电话，罗朝明就很快把电影放映设备卸了，开着车往村头跑。

　　吴耶眯仍然迟疑不决，她似乎担心孩子死在路上，不愿意让孩子离开家。当地有个习俗，如果刚出生的孩子在外边死了，就要把他埋在路边上，不能把他抱回家。刘志洁安慰她："你把孩子随身用的东西带在身上，就像在家一样。"

　　从里屋跨出一个男人，从脸上的风霜刀剑来看，大约有30岁左右，实际才26岁，他就是吴昌军，是孩子的父亲。只见他用苗语对吴耶眯耳语了几句，吴耶眯终于答应把孩子送往医院。

　　决定去医院后，吴耶眯抱着孩子，没有穿鞋，神色凝重地冲出家门，脚步虎虎生风。

　　刘志洁随手操起了用作手术台的板凳，跟在吴耶眯身后跑。李春燕来不及收拾医疗器械，跟在刘志洁身后。杜娟收拾所有志愿者留下的东西，跟上队伍。

　　太阳渐渐靠近远处的山峦，大地上一片金黄。几只鸡发现了这群神色匆匆的人，呆着眼睛看了看，迅速跳到路边。一头肥猪从吴耶眯脚下悠闲地走过，丝毫不理会这群慌慌张张的人。

孩子的母亲骨瘦如柴，只能在家里等待，忍受着产后出血的痛苦，没有跟着来。吴昌军也没有跟出来，他在家里照顾身体虚弱的妻子。

没有谁去安慰那位骨瘦如柴的母亲，甚至都没有人提到她，所有人都朝公路上赶，谁都没想到这次好心的行动成了母子的诀别。

我们跑到公路上，罗书记的车还没有到，大家立即停下来。吴耶眯用一种怀疑和绝望的眼神看着我们——抢救重新开始，在大塘村口的水泥地上，李春燕继续按压胸腔，进行嘴对嘴的人工呼吸，争分夺秒。

汽车喇叭声由远而近传来。汽车刚停稳，罗书记拉开车门。吴耶眯抱着孙子第一个上车，她坐在司机座的后面；李春燕紧跟其后，和吴耶眯紧挨在一起，面朝前方；刘志洁靠在司机座靠背上，蜷着腰面对他们。吴岁眯、吴当眯坐在右侧活动座位上，焦躁不安。所有的人神色严峻，没有一丝笑容。

刚刚落座，这辆能容纳 11 个人的面包车就奔向村外，在盘山公路上风驰电掣。罗书记洒了空气清新剂，还打开了空调，车内不受前轮卷起的尘土困扰。但通往县城的公路满是沙石和泥坑，车颠簸不已。

⊕ 一路争分又夺秒

★★★★★

罗朝明开着车飞驰在去从江的公路上。

刘志洁将板凳放在大腿上。吴耶眯把孩子放到凳子上，并用双手扶着孩子，让他在颠簸的汽车上能够稳定。刘志洁继续用双手按压孩子的脸颊，李春燕一边用听诊器听孩子的胎心音、脉搏和心跳，一边用手有节奏地按压孩子的胸部。

赵富定拿着一个手机，不断地拨打 120。从江县民族医院党支部书记、医务科长莫建树接了电话，马上派出该院仅有的一辆急救车出诊。但莫建树在电话中说了一句很普通,但令所有志愿者感到寒心的话——"把钱准备好。"

这句话没有错，但令我们寒心，也会让天底下所有听到这个故事的人寒心，但是我们知道这也是医院的无奈之举——医院都是自负盈亏、单独核算，特别是从江这样国家级贫困县的医院生存更加艰难。要么生存下来，还能为一些病人看病治疗；要么亏损，偌大的县从此没有医院。

太阳收尽最后一丝余晖，西边的彩霞渐渐减少，繁星渐渐布满天际。车窗外一闪而过的树木，从青翠欲滴变成飕飕黑影。

抢救还在持续，争分夺秒——人的脸色和天的颜色一样，不断变黑。吴耶眯目不转睛地看着孩子，但孩子还是没有呼吸，没有哭声。她在车里不止一次流出眼泪。吴岁眯和吴当眯一直失神地东张西望，似乎找不到方向，也无所谓方向。

按压收效不大，李春燕又俯下身去给小孩做人工呼吸。在李春燕给孩子做人工呼吸的时候，孩子的脸庞变得红红的，刘志洁就高兴得笑起来；如果不做人工呼吸了，孩子的脸色又变成青紫颜色，刘志洁又急得哭起来。李春燕想："你还来得及哭，我连哭都来不及呢，我只是一心在抢救他。"

汽车经过的最后一个村叫岜沙，号称世界上最后一个枪手部落，这里以其"唐朝发型，宋代服饰，明清建筑，魏晋遗风"而被称为"人类心灵的最后家园"而享誉世界，但其落后的经济让该村拥有 250 名学生的学校 2000 年春天流失了200 名学生，其医疗条件曾经和大塘不相上下。

李春燕仍然镇定自若，坚定地对孩子做嘴对嘴的人工呼吸。她伴随着汽车的颠簸，一次次坚定地对孩子做人工呼吸。第一次，她抬起头，眼睛里充满了绝望……第二次，她眼睛里似乎满是迷茫……第三次，她眼睛里放射出坚毅的光芒……

120 急救车呼啸而至。在停车的那一刹那，正在给孩子做人工呼吸的李春燕吸到了孩子的一口羊水。吸出来的时候感到特别难受，鼻子里感觉被什么堵住了一样，耳朵轰隆隆的。李春燕走下汽车，头是晕的，眼是黑的，一下子就瘫倒在车门口。一会儿，坚强的她醒过来，在路边呕吐。

出诊医生田应军来不及弄清是怎么回事，孩子已送到跟前。孩子青紫的脸色，让有专业素养的他只有打开车门。

→ 取个名字吴健智

晚上 6 点 50 分，孩子被送到医院。县城的华灯已经全部放开，音像店里传出了流行的乐曲，街上车水马龙，一片繁华。在从江县民族医院门口，顺着汽车的灯光，医院大门上"二级乙等医院"几个镏金大字金光闪闪。

孩子被迅速地抱到一楼妇产科。李春燕的实习指导医师，妇产科主治医师刘玉芝早已在治疗室等待。

刘玉芝初诊的结果是"因为早产，他没有自主呼吸和心跳，嘴唇、面色、全身皮肤青紫，肢体湿冷，体温不升"。她的结论是"孩子病情危重"，她感到了挽救这个小孩生命的艰难，"因为一般这样的孩子治不好"。

经过治疗，晚上 7 点 10 分左右，孩子开始有微弱的心跳和不规律的细微呼吸——其心跳每分钟 5 次左右；测心律，215 分钟一次。

孩子病情有了起色，刘玉芝将氧气的流量加大到每分钟 0.5 升，并把孩子送入保温箱中。

晚上 7 点 40 分左右，有了轻微呼吸的孩子在保温箱里进一步好转。

孩子病情的好转让所有人见到了天边隐现的一缕曙光。刘玉芝紧皱的眉头开始舒展，她来到办公室，拿出纸和笔，开始撰写抢救报告，疾笔如飞。在病房门外，一直紧蹙眉头的李春燕、刘志洁、杜娟、赵富定和肖希田等人笑逐颜开，大家开心地谈笑。

刘志洁给妈妈打电话叙述了事情经过后，转身对李春燕说："我妈妈说了，你是世界上最伟大的医生。"随即在李春燕脸上亲了一口。

吴耶眯这时也似乎对未来生活产生了憧憬，她用苗语和吴岁眯、吴当眯商量以后对大家说，孩子是大家救过来的，感谢大家的好心，孩子还没有名字，请大家为孩子取名。

刘志洁和杜娟说："第一，我们希望孩子以后能够健康地生活；第二，我们都是志愿者，希望孩子以后也能像我们一样，长大了以后也做一个热心关心他人的志愿者，关心社会中的弱势群体。"

"那就叫吴健智吧。"我插嘴道,"'智'取'智慧'中'智'的形义和'志愿者''志'的含义,希望他以后能够聪明、有智慧,同时又像我们一样,做一个志愿者。"

"好! 就这样。"大家异口同声地说。李春燕在一边笑容满面。大家还和孩子的亲属一起照了一张合影。吴耶眯、吴岁眯、吴当眯脸上也满是笑容。

⟶ 尽力挽救一场空

☆☆☆☆☆

吴健智的呼吸和呻吟只持续了40分钟左右。

晚上8点20分左右,就在大家合影的同时,护士林素珍一直在观察孩子的病情,她发现吴健智的哭声越来越小,皮肤也没有几分钟前的光泽。她把这个情况报告了刘玉芝。

所有的抢救方法都用了以后,孩子的嘴唇、脸色和皮肤还是渐渐恢复了入院时的青紫的模样,两只眼睛紧闭,口鼻没有气息。

我问刘玉芝"孩子的病情将如何发展",她说不容乐观,但她会尽力。她说,要想让孩子活下来,办法也是有的,就是让他在保温箱里等到内部器官发育成熟,但这个时间得等两三个月,还不一定保证没有后遗症。"这样七个月的早产儿,一般能救活的比例只有30%到40%,即使有少数救活,60%到70%的也会留下痴呆等后遗症。"

听到这样的结论,我们都没有说话,可怕的沉默围绕着我们,痛苦、无奈和无助也开始袭上心头……李春燕也不知道怎样为吴耶咪解释如此残酷的现实,事情似乎是陡然间发生180度的转变。这一切和刚刚一起拍照时我们脸上的笑颜是那么对比鲜明。

当吴耶咪看到孩子皮肤又重新变成青紫时,她悄悄抹了抹自己的眼角。她告诉刘志洁:"娃没气了。"刘心里顿时有一种被掏空的感觉,眼泪夺眶而出。

当刘玉芝将孩子能否治好以及治好以后的可能性告诉吴耶咪后,吴耶咪和吴岁咪、吴当咪用苗语商量,最后决定放弃对孩子的治疗。她们说:"我们住不起医院,把他带回家去,他能活就活下来,活不

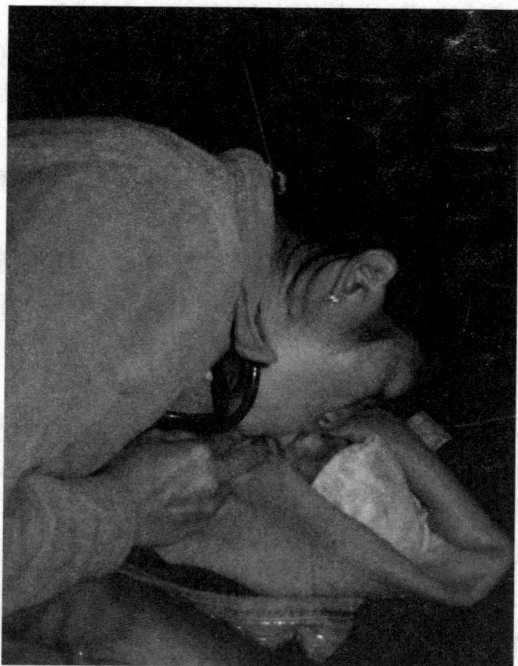

△ 李春燕在给吴健智做人工呼吸（黎光寿摄）

下来算他没有这个命。"刘玉芝对我说，孩子离开了保温箱，不到 15 分钟就会死。吴耶眯坚定地要把孩子抱回家去。

刘志洁看到自己的努力即将付之东流，也不断地对吴耶眯说："现在孩子还能治好，没有钱我们给你出。"吴耶眯说："我们不花你们的钱，你们的钱也是辛苦钱，即使给他治好了，以后也是一个废人，我们家养不起他。"说完她把手伸向了保温箱。

李春燕也很伤心，她张着一双大大的眼睛，神情呆滞地看着保温箱，满是泪水，但她没有哭——她还有一个重要的任务没有完成——作为一个农村知识分子，她有责任为不认识字的患者家属写书面证明，并念给她们听，再让她们按下自己的指印。吴耶眯、吴岁眯、吴当眯三人没有文化，连自己的名字都不认识。

在吴健智获得自己名字五分钟后，在刘玉芝的办公室，吴耶眯、吴岁眯、吴当眯三人在一张她们一个字都不认识的纸上毫不犹豫地按下了自己红红的指印。这是一份放弃对孩子进行治疗的申请，是李春燕代她们写的，内容是："因小儿太小，病情危重，家人希望优生优育，要求医院停止抢救，出院。"没有话语，没有哭声，也没有眼泪。

099
守护生命八小时

出院手续办完后，吴耶眯快步走到保温箱前，迫不及待地打开保温箱，再次把手伸向了吴健智。但被刘玉芝拦住了，她要在吴健智出院前对他做最后一次检查。

刘玉芝用听诊器听了听孩子的心跳，用体温表检查孩子的体温，摘除插入孩子鼻腔的氧气管给孩子输液的针头……她告诉吴耶眯，吴健智的母亲三年内不能怀孕，先上一个节育环，身体好了以后再怀孕、生育，否则一直到不能生育为止她都不会有自己的孩子。

晚上 8 点 50 分，在孩子失去呼吸的最后时刻，吴耶眯抱起吴健智，在他的额头上亲了又亲，在他的身上摸了又摸，很快用随身带的毛毯、背带等将孩子包好，不让他的头露出来。看着她的坚持，没有人阻拦她，只是眼睁睁地看着她把孩子从温箱里抱出来，包好，蹒跚地走出医院。

刘玉芝拿出钱包，掏出 100 元，交给吴岁眯，让她给孩子母亲补补身体。

刘志洁问吴耶眯："你回家准备怎么办？"吴耶眯回答"回去在路上丢掉"，她的意思是如果孩子在路上死了，就把他埋在路边。这是地方的习俗，说这句话的时候，她眼睛里没有焦虑，没有泪水，没有光芒。

"我们都尽力了，但是没有办法。"刘玉芝说。这次治疗产生的费用应当有几百元，因为放弃治疗，孩子没有被救活，医院只收到刘志洁交来的 38.1 元，分别是药费 34.6 元，抢救费 2 元，挂号费 1.5 元。其余的都需要医院自己承担，而医院只有少量的财政拨款，连支付医生的工资都还不够。

推开最后一扇门

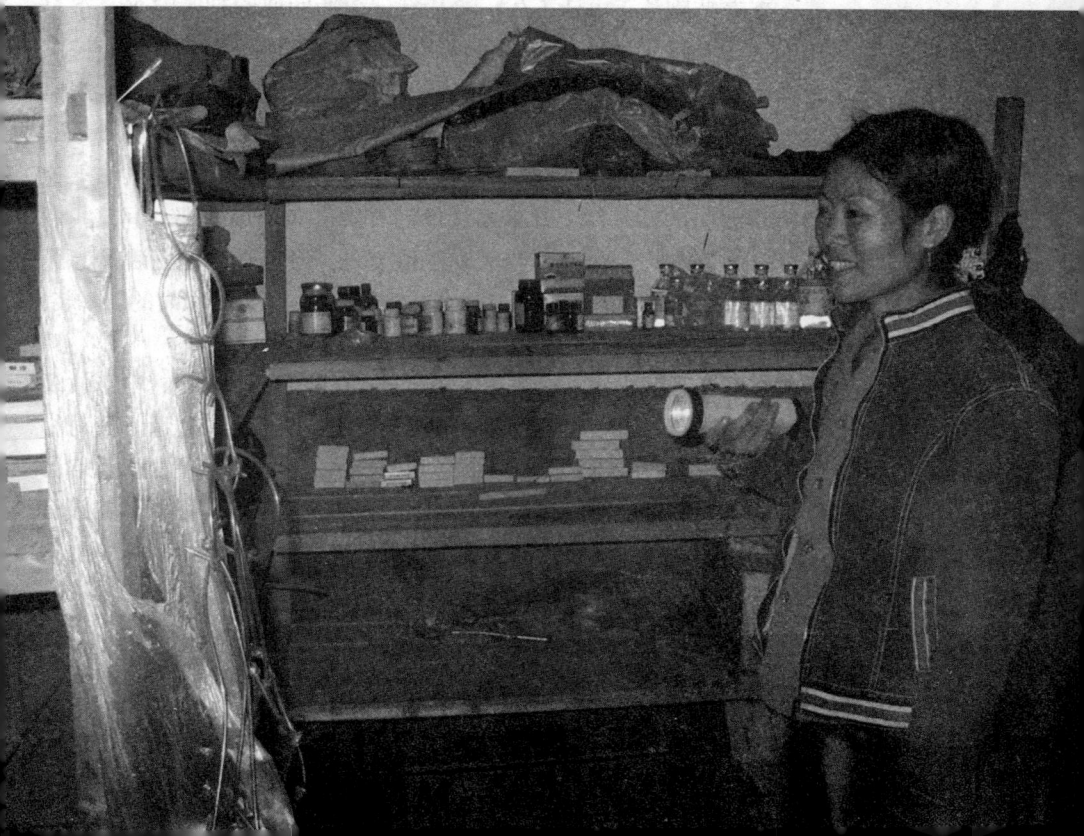

➡ 紧闭门后有秘密

☆☆☆☆☆

　　把吴健智送进医院后，李春燕试着给丈夫孟凡斌打电话，看他能不能来见自己。在李春燕的记忆中，孟凡斌负气离家的时候，身上只穿了一套补了又补的旧军装。在电话里李春燕对孟凡斌说："我是送一个婴儿来从江抢救的，还没有吃饭，很晚才能回去，你能不能到这边来，我还有些事要跟你商量。"

　　当时孟凡斌已经离开家有一个多月了，在这一个多月时间里，他不给李春燕打电话，甚至打电话给儿子和家人，李春燕一接他的电话，他就直接挂掉。李春燕想念孟凡斌的时候，实在没有办法，就带着儿子，到从江都柳江大桥桥头上孟凡斌上下班必经之路上等待。李春燕想，孟凡斌可以不理她，但不能不理自己的儿子吧。

　　李春燕刚放下电话不久，孟凡斌就急冲冲地跑到医院来。李春燕告诉孟凡斌，她这次遇到了一伙从北京、上海等地方来大塘村搞社会调查的志愿者，有几个人和她一起抢救了吴健智，晚上这些志愿者要和她一起到他们家去。

　　孟凡斌说："我们家现在破成那个样子，不能带他们去。如果他们执意要去的话，你千万不要让他们看到已经垮塌的那一间，我们那个家太丢人了。"孟凡斌当天晚上值夜班，跟李春燕说完话就走了。看着孟凡斌匆忙离开的背影，身上穿的还是那一套离开家时的旧军装，一阵辛酸的感觉涌上李春燕心头。

　　在从江县城吃完了晚饭，罗书记开车送我们回到大塘，电影放映已经接近尾声。作为这次活动的总领队，我在罗书记的邀请下面对村民发表了演讲，讲述了我们路上遇到的事情，希望大家更加关注自己的健康，我们将和他们一起努力，让更多的人能够看得起病，能够有更好的医疗保障，能够更健康、更长寿。许多村民朝我们投来善意的微笑。

　　电影放映结束后，大约晚上 11 点，我们来到李春燕家。

　　她家房子建在半山上，是一栋木结构为主的吊角楼，一共两层。

一楼已经用砖砌好，屋内抹上了简单的沙浆；二楼墙板还没装好，空荡荡的。进入屋内，墙壁也只用石灰刷了两间房，一间是李春燕的卧室，另一间住着公公婆婆，公公正在咳嗽。

我问李春燕药架在哪里，她说就在公公婆婆的屋子里，她起身带我走进公公的屋子，她的公公盖着被子躺在床上，她的药架靠着两堵墙壁，空空如也，只有少量的几种药。我问李春燕："你为什么不准备成套的药？"春燕说没有钱。

我问："通过看病不就有钱买药了吗？"她说："村里太穷，一般人家有了病，出不起医药费。"李春燕说，给村民治病，每个月连本带利能够有600元的收入，其他都是欠账，可她每个月用于买药的钱就差不多900元，不够的就只有自己贴。

刘志洁在李春燕家的一根柱子上，发现一些贴着的账单。我走过去，发现这些账单金额最小的有0.5元，最高的不超过30元，总计300多元。李春燕说，这些账单记录的是村民看病欠费的情况，那是她的财产，除了柱子上的那几张之外，家里还有厚厚的一摞账本。

"老百姓也是可怜，他们没有钱，你给他们治病以后，他们只有到秋天收椪柑的时候再偿还。"李春燕说，她从2000年在大塘村行医以来，村民欠她的药费一共有2万多元，每年秋天收椪柑后，村民陆陆续续来还药钱，当时还有6000多元药费没有归还。她实在没有办法，就把村民欠钱的账单一笔一笔列出来，贴在屋里的一根柱子上，外人没有进到屋里，就看不见那份账单。

总是这样入不敷出，怎么还能支撑这么多年？李春燕说，公公婆婆为了支持她做卫生室，先卖掉了家里的牛；后来卫生室遇到困难，她卖掉自己的陪嫁首饰；再后来，她没钱买药，就向丈夫打借条，那时借条上的金额已经有近6000元。

李春燕家始终有一扇门紧紧地关着，在我们即将离开她家的时候，她打开了这最后一扇紧闭着的房门，所有人都惊呆了——这间屋的地基已经被洪水冲掉了一个角，临近塌方的地方，地面分成了几块，分层下陷。

这间屋柱子悬空，横梁弯曲，似乎难以支撑房屋的重量，，房屋已经倾斜，墙壁已经开裂，最大的裂口有10厘米。李春燕卧室靠外的墙壁上，也有四条裂缝，墙壁上的楼枕，已经和墙壁产生了大约5到7厘米的大裂缝。墙角靠外墙的地基正在开裂、塌陷……而李春燕家的大门，原来比较靠近砖砌的外墙，现在这个大门已经变形，打不开了，只有从靠山的一侧又开了一个门。

夜里2点，我们离开大塘村，李春燕出门相送，刘志洁拉着她的手说："春燕姐姐，你是世界上最美丽的人。"她塞了100元到李春燕4岁孩子的手里。

避无可避勇担当

★★★★★

　　在李春燕家所见到和所听到的一切令我们所有人感动，我们离开的时候，大家在罗朝明书记的车内商议，应当从我们开始，致力于谋求乡村医疗和人民福利的改善和保障。当时我所能想到的事情，就是把李春燕抢救吴健智的故事，以文章的形式写出来，告诉世界的每一个人，让人们关注乡村医生和乡村医疗，从而促进农村福利的改善。

　　在我们离开的那天晚上，李春燕也没有入睡，她辗转反侧，陷入激烈的思索。那天晚上，她在想念丈夫孟凡斌，她在想着傍晚时分他们分开时孟凡斌匆忙离开的背影，想着孟凡斌身上穿的那一套旧军装，她就感到心酸："如果不是我跟了他，他会这样吗？"

　　李春燕想："是不是我真的错了？是不是我真的应该选择另外的一种生活方式？"但回想到白天抢救吴健智的情景，回想到村里的老人挽留自己时的情景，她又泪眼模糊。她后来说："我不知道吴健智到底有多少，但是对于我来说，只要一个，就会在我的心灵深处留下深深的烙印，这也许会使我这一生中都感到自责，因为我没有把他抢救过来，让他的生命，只在这美丽的世界里待了痛苦的八小时。如果人世间再有一次机会的话，我想，他应当新生。"

　　这一天晚上，孟凡斌也一整夜都没有睡觉，他在回顾傍晚时见到李春燕的样子，回顾李春燕决定放弃外出打工时的情景，回顾卫生室创建以来大塘村的变化，回顾和李春燕建立家庭以来的温暖和卫生室带给家庭的压力，他感到别人可以选择逃避，但在李春燕这里，却是避无可避，他自己也是避无可避，否则良心不安。

　　孟凡斌还回顾了在县城打工的这个月——他为了省钱给李春燕进药，他一天只吃两餐，早餐不吃，同事问他为什么不吃早餐，他说不习惯。可他每天上午肚子都饿得像猫抓一样。他每月辛苦挣来的钱，大部分也流进了李春燕的卫生室，变成药品，变成了村民脸上的微笑。

　　孟凡斌也在想，李春燕是为了自己而来到大塘村，是因为村民的需要而留在大塘，要不是她也可以有自己更美好的生活，而自己曾经给过李春燕以承诺，居然不能在李春燕的道路上支持她一把，自己是多么的自私和无能。他决定回家，继续和李春燕一起，克服困难，经历风雨。

第二天晚上，李春燕收到了村里人带来的一封信，她一看是孟凡斌的，心里怦怦直跳，等她从头到尾看完，眼泪不知不觉流满了脸颊，因为孟凡斌决定回来了，她又可以收获家庭的温暖和爱人的支持。孟凡斌的信是这样写的：

春燕：

我亲爱的老婆，你好！在我离开家的一个多月里，你受苦了，昨晚见到你，我一阵的心痛，你比以前更加的消瘦了，这么冷的天，你却只穿着一套单薄的衣服和一双凉拖鞋，真怕一阵风就把你吹倒了。当看见你无力地倚靠在病房门口时的样子，我就想到了村民对你的期盼与信赖，我后怕了，我其实不应该离开你。在医院里，大家绝望的眼神告诉我，在这个世界上，也许会允许一些人选择逃避，但必须要有人选择艰难的守护，从那一刻，我对你选择留下来的决定有了彻底的理解。

但你也要理解我的选择，为了孩子的将来，为了我们那塌下去的房子能够重新修起来，我只好选择逃离了。在这两个月里，我每天都在学生食堂吃饭，每次看到那一餐一块五的饭菜，我心都凉了。这个星期六我回家！再见！

孟凡斌

2004 年 10 月 3 日

一周之后，孟凡斌终于回到了家，他们持续了一个多月的冷战，以双方的和解而宣告结束。此后，孟凡斌周一到周五在县信用社上班，周五回家照顾妻儿；而李春燕就继续留在家里，一是继续每天走村串寨治病行医，二是照顾家庭孩子。有了丈夫支持的李春燕，卫生室也能够重新开张了，焕发出新的活力。

不再外出去打工

☆ ☆ ☆ ☆ ☆

　　回到北京后，我以吴健智的一生为主线，将李春燕抢救吴健智的故事，写成了一篇文章《一生只有八小时》，发表在不同的媒体上。

　　2004年10月17日，在北京的乌有之乡书店，我和刘志洁等当时去贵州的青年朋友一起，在一场沙龙活动上讲述吴健智和李春燕医生的故事，很多人流下了眼泪，老同志张保印还留下了100元，著名时评作家郭松民也留下了50元，他们是第一批给李春燕捐款的热心人。

　　时间又悄悄地过去了一个月，李春燕觉得自己的生活充满了活力，充满了阳光。她觉得是我们青年朋友的出现，让她重新认识到自己生活的价值和意义，让她重新找回了自己的家庭。她已经不再考虑外出打工的事情，看着身边的孩子，看着身边和她一样的妇女，不由自主地就感觉到他们亲切，觉得她自己已经离不开他们。

　　2004年11月份，我们收到李春燕通过在从江大洞复新学校志愿者李光对寄过来的一封信，她在信中写道：

刘志洁、杜娟、黎光寿：

　　自从10月3日因吴健智之事巧遇上了你们，不知是什么风把你们这些远方的贵客吹进我们这些穷得要命的山沟沟里来，有幸认识了你们这些贵人，或许是上天有意，把你们送给我们做朋友吧！在这一生中能认识你们这些来自北京的大学生，感到非常的幸福与快乐！

　　说句心里话，你们就像红太阳般的温暖着我，自从有了你们，我的一切有了很大的变化，我的世界变得好美丽，是你们给我特大的勇气，让我又有了一种新的生机，要不然我真的走出去了，是你们让我对这里的村民更有兴趣。

　　每当我最绝望的时候，总会有人来帮助我，在精神上鼓励我。

　　我的生活就像悬挂在树梢上的月亮一般，时缺时圆，真的无法想象我的生活。想起许多与众不同的日子，我黯然泪下，为什么别人无论做什么事情都能拿到很多的钱，可是我就像一只傻呆呆的小燕子，在风雨中的农田中飞来飞去？有时连自己的肚皮都填不饱，独自享受着一种复杂又无

△ 孟凡斌在给李春燕捶背（黎光寿摄）

奈的生活。

爱我的人他又不在我的身旁，然而他的日子也不是那么的好过，每月仅仅 300 元工资，都是因为我热爱我的事业，他尽量地帮助我，帮出不能帮进的他，如今只好外出打工还他的债去了，留下来的是许多家务农活与两位将满 80 岁的老人和我们母子在家。我任劳任怨，最起码家中两位老人健康的身体需要我护着。

还有许多乡民都在等着我为他们治疗，又不知有多少新的生命在等待着我的双手去迎接他们来到这个穷苦而美好的世界，一条条幼小的生命都好像是从零开始。如今他们个个都有着健壮的身体，在他们父母的身旁蹦蹦跳跳着，顽皮地欢笑着，是多么的可爱，渐渐地长大了。

可是最遗憾的是吴健智，他太令我们失望了，当时我是多么的希望他能像别的小孩那样能有好的结果。

不争气的是这里的山民落后得太让人悲痛了，不听医生的话。而这里的条件也特差，我们的医疗设备什么都没有，一次次失去了多少那么可爱的幼小心灵。为这些不知流下了多少眼泪，因此吴健智之死，我的眼泪已流不出来了，其实我的心里比谁都难受，比谁更痛恨，我恨我们穷，就是穷教育，穷文化，所造成的今天这些的一切的一切。

　　现在有了……志愿者们在我们这些穷山村搞教育，我相信，将来的日子就不会如此的穷了吧！他们和你们才是最美丽的，也是最伟大的人，因为我们的国家是更美丽更伟大的是吧？我代表所有穷苦的老百姓向国家向你们表示衷心的感谢！你们才是所有穷苦人民心目中那个最红最温暖的太阳，直到永远，永远……！！

　　对了，还有黎记者给我寄来了 150 元钱，我已收到了，非常感谢，真让黎记者为我辛苦了，不知该怎么感谢你们才好！

　　　再见
　　祝：身体健康，工作胜利，万事如意！

小山村里的白衣天使　李春燕
2004.11.4

八方感动都是爱

→ 雨季之前修好房

☆☆☆☆☆

　　10 月 20 日到 11 月 1 日之间，我写的文章《一生只有八小时》相继以不同的篇幅和标题在《公益时报》、《法制早报》和《南风窗》杂志发表；同年底，《南风窗》将李春燕列入该刊 2004 年度"为了公共利益"人物榜。李春燕的故事开始引人关注。

　　2005 年春节前，我与黔东南州民族旅行社的潘宣百女士、在中国社会科学院攻读博士的美国学者戴震回访李春燕家。戴震给李春燕捐款 1000 元人民币，而潘宣百看了李春燕家垮塌了一隅的房屋之后，让我设法帮助李春燕找钱，以维修她受损的房子，否则可能难以度过 2005 年的雨季。

　　在潘宣百女士的压力之下，我能够想到的方法，就是把我拍摄的关于李春燕抢救吴健智的 300 多张照片，选一部分，配上已经写好的文章《一生只有八小时》发布于网络上，我希望能够有更多的媒体采用我的文章，我用稿费来给李春燕盖房。为了证明事件的真实性，我将李春燕的家庭电话和罗朝明书记的手机都公布了，以备读者核实。

　　我在 2005 年 2 月 23 日开始将此文贴于当时非常火爆的"天涯社区"，很快引起了关注。从文章和图片发布第二天起，就陆续有人给李春燕和罗朝明打电话。两人的电话逐渐成了热线。

　　许多人深受感动，给李春燕捐来了大量的药品和部分现金。福建厦门的陈莲娜女士是较早期的捐助人之一，她给李春燕寄来了价值 4000 多元的药品，后来还资助大塘村里的孩子读书。山西太原理工大学学生姚孙伟给李春燕捐了 20 元。黔东南州政协副主席邵平南给李春燕捐了 200 元，另外还给了价值 1452 元的药品。从江县人大主任何忠善给李春燕捐了 200 元，县卫生局长敖家辉给了 500 元。

　　李春燕还不断地收到四面八方寄来的信件，许多人在信中表扬她，还有的人在信中表示愿意来帮助她的卫生室……2005 年春节前，李春燕收到了两封特别的来信，一封来自深圳，另一封来自长春，他们的来信都不长，就是要求李春燕给他们回信，说说当时的情况，他们愿意帮助李春燕把已经垮掉一角的房子给修起来，还要求给他们提供银行账号、联系电话、地址等。收到这些来信后李春燕都一一作了回复。

春节刚过不久，银行就给李春燕打来电话让她去取钱，她一边感到害怕，一边又感到激动。电话通知了两次，她才跑到县城找到丈夫孟凡斌，让他陪自己去看看。

两人走到银行门口，不敢进去看，一个推一个，良久，他们才一同走进银行，急得她的脸上都在发热，他们担心这不是事实。她把银行卡交给银行的营业员，一查，有8500元，孟凡斌用发抖的手把卡退回来。银行的营业员问："取多少?"他们俩发呆了一阵子——他们从来没有见过这么多的钱，并且是别人给的。

孟凡斌对李春燕说："不能取，万一是银行弄错了怎么办?"

李春燕说："不会吧!"

"怎么不会! 新闻上不是有报道说谁谁的账户上突然多了多少钱，过几天又

◁ 李春燕与儿子

消失了吗？"孟凡斌说他的银行卡上也曾经出现过这样的事情，当时不知道谁弄错了，他的卡上多出了4700元，三天后就消失了。

"好！那就不要乱动，我们回家吧！"李春燕说。

他们从县城赶路回家的时候，已经是晚上了。第二天，李春燕又接到了从深圳和长春来的两个电话，深圳来的电话说寄了8000元，长春的电话说寄了500元。他们都说："钱是前两天给你们寄的，你们赶快把房子给修好，以后我们还可以帮助你们建一个卫生室。"

在李春燕成长的过程中，许多人都说："这社会越来越乱，世界上好人越来越少。"李春燕十分感慨地说，在她陷入绝境的时候，才发现并不都像别人说的那样，好心人其实还很多，他们用温暖的双手把她扶起来。

于是，李春燕和孟凡斌的房子在2005年雨季来临之前进行了维修加固，安全地度过了2005年以及以后的所有雨季。

➔ 首谈人生说冷暖

★★★★★

2005年3月份，李春燕接到香港凤凰卫视打来的电话，说他们要来采访李春燕并且要把她带到凤凰卫视去做节目。

电话打过之后一周，凤凰卫视《冷暖人生》的吴丽梅等两位记者来到李春燕家，他们在大塘村进行了两天的采访以后对李春燕说："我们的主持人陈晓楠特别想见你，希望你能跟我们一起去做一期节目。"他们告诉李春燕，去凤凰卫视的机票已经订好了。

出发的那天，家人很为李春燕高兴，也很担心她，特别是丈夫孟凡斌，他一次又一次地对吴丽梅说："她长这么大就只到过黎（平）、从（江）、榕（江）三个县，州、省都没有到过，更何况这次还是出省去了。"

在汽车上，李春燕一路上都在想："这次我能经过凯里、贵阳了，还能坐飞机，真是太好了。"凯里是黔东南州的首府，被誉为苗岭新都；贵阳则是贵州省的省会，号称林城。两个地方李春燕都没有到过。而飞机，李春燕从前只是在书本上、电视上见过，从来没有想过自己也

△ 李春燕和孟凡斌2005年3月第一次在桂林合影

能坐上飞机。

花了近7个小时，李春燕和吴丽梅等人乘坐的汽车到了凯里，没有停留就直接去了贵阳。在贵阳，他们同样也没有进入贵阳市区，就直接进入了龙洞堡机场。李春燕在机场的候机厅里见到很多飞机，有的起飞了，有的从天上降落下来。"假如有一天我的一家人都能来看看真正的飞机该有多好啊！"

飞行了一个多小时，李春燕坐的飞机就稳稳地降落在深圳机场上。第一次到大城市，感觉什么都美。凤凰卫视在深圳有一个办事处，陈晓楠把她带到郊外的一个公园里采访，面对面地采访了三个小时。当时陈晓楠问李春燕最希望得到什么，李春燕告诉她："我希望能够有一间卫生室。"

这次到深圳，李春燕最希望见到最早帮助她修房子的人，可当她做完节目后给他打电话时，他已经到国外去了，李春燕心里感到十分不甘。节目做完后，李春燕在深圳待了几天，吴丽梅问她想去哪里，她说想走桂林回家，顺便看一看被孟凡斌欺骗了多次的桂林。

吴丽梅为她购买了直达桂林的火车票。接到李春燕的电话以后，孟凡斌坐了一晚上的汽车到桂林迎接李春燕，两人在桂林实现了早年李春燕未实现的梦想，才坐车回从江。

➜ 博爱命名卫生室

☆☆☆☆☆

　　凤凰卫视报道李春燕的电视节目《最后的赤脚医生》在 2005 年 4 月 19 日播出后，李春燕接到的电话更多了，有许多电话来自马来西亚、新加坡、日本、美国等地，她也收到了许多从国外写来的信。

　　最令李春燕感动的是澳大利亚的陆宇恩夫妇，他们已经 70 多岁，看了凤凰卫视的报道以后，特地乘坐飞机赶到桂林，又乘坐 9 个小时的汽车来到从江，再乘坐一个小时的小面包车，来到大塘村。

　　两位老人一走进李春燕家门，就握住李春燕的手，眼含泪水说："春燕啊，你太争气了，有你这样的乡村医生，全心全意地为人民服务，你是我们中国人的骄傲，有你我们感到自豪，你真是不容易啊！"

　　见到李春燕的公公婆婆，两位老人齐刷刷地跪下。四位老人泪眼相对，李春燕看着感动得直流泪。

　　陆宇恩夫妇和李春燕说了很多很多的话，说得她心里暖融融的。

　　家里当时已经没有菜，李春燕去买了半斤猪肉，一个村民送来了四个鸡蛋，婆婆从坛子里捞出了一碗酸菜，就这样招待陆宇恩夫妇。李春燕为家里没有什么菜而羞愧，可陆宇恩总是说："这是我六十多年来吃过的最好吃的饭菜！"

　　临走的时候，陆宇恩夫妇送给李春燕 5000 元钱，李春燕不敢要，他们非要李春燕收下。

　　他们的热情感染了李春燕，让她知道了更多的道理，让她知道了自己工作的意义，李春燕觉得自己的未来充满曲折，但也充满着光明。

　　送走两位老人后，李春燕接到香港 76 岁高龄的钟阿姨的电话。钟阿姨说要帮助李春燕实现她建设一个卫生室的梦想。

　　钟阿姨告诉李春燕："我以前也是一个乡村医生，后来改行了，做生意一直到现在，老了也用不了多少钱，我知道做一名乡村医生是很不容易的，我先给你 4 万元建卫生室，以后不够再给你第二笔也是 4 万元，你好好地做！"

　　有了钟阿姨的 4 万元，再加上社会上其他热心人士的捐款，在县有关领导的支持下，从 2005 年 6 月份开始，李春燕的卫生室正式开工了。

李春燕的卫生室原计划先建设两层，占地面积在 100 平方米左右，花费 8 万到 10 万元之间；另外预留第三层的建设空间，在几年之后资金宽裕时，再通过贷款或者其他方式建设，自己也可以搬到里面去住。

从江县领导建议李春燕，卫生室要做就做好一点、大一点，资金不够县里想办法补。经过多次协商，李春燕将卫生室的占地面积定为 110 平方米，建三层楼。

2005 年 8 月 4 日，李春燕应中央电视台《实话实说》的邀请到北京录节目，随后《中国青年报》记者何春中对李春燕进行了报道。2005 年 9 月 12 日，中国红十字基金会决定联合香港自然和谐基金会，给李春燕捐款 10 万元，并将李春燕的卫生室命名为全国第一所"红十字博爱卫生站"。

共花费了 18 万元，李春燕的卫生室竣工，捐款还余下 10 万元。雍里乡的龙江和滚玉两个村也没有卫生室，李春燕将此款转捐给这两个村，各建设一个砖木结构的卫生室。再后来，香港慈善组织乐施会为雍里乡其他村都捐建了卫生室。

在李春燕的卫生室建好以后，还有很多热心人给她打电话，希望对她进行支持。有一天，李春燕拒绝了一位要给她寄钱的热心人，但对方坚持一定要给。李春燕建议对方支持大塘村贫困的孩子上学。

对方听了李春燕的建议以后说："这是个好主意，你就帮我们把这些钱分给失学的孩子或者家庭困难的孩子吧，让他们能够去上学！"大塘村一共有 300 多名学生，有 130 多名得到了资助。

由于社会各界的热心帮助，李春燕收到了从全国各地寄来的衣物、文具等物品。有一天，李春燕从从江县城请了 7 辆拖拉机将收到的物资运回家，在家里直接分给村民。以至于大塘村几乎每个村民都能穿上一件社会捐来的衣服，学校还设立了一个乡村图书馆，孩子们可以看到他们喜爱的图书。

厦门的江先生给李春燕打电话说："只要你全心全意为你们那一方的老百姓服务，我就会一直支持你。"从他打电话来的那天起，他每个月都给李春燕寄来 900 元，寄了有好几年。

《实话实说》的节目播出之后，福建省 100 名乡村医生联名给李春燕写信说，通过李春燕在央视做的节目，"我们得到了上级领导的重视，每个月都有了 180 元的补助，谢谢你李春燕，你是我们的好代表！"而广东则给每个村医一年补贴一万多元。

➡ 实为中国感动己

★★★★★

2005 年 11 月，李春燕被共青团贵州省委推选为中央电视台 2005 年十大感动中国人物候选人，12 月 19 日到 21 日，中央电视台编导徐斌到大塘采访她。2006 年 1 月 13 日，李春燕接到贵州省团省委的电话，让她到北京参加一个晚会。

但究竟是什么晚会，打电话的人没有跟李春燕说，只是说如果她去，就给她订机票。晚会显得很神秘，李春燕拿不准，给徐斌打电话，徐斌说："不管是什么会议，你来了就知道了。"

李春燕问："我可以不来吗？"

徐斌说："不行！不管是什么会都要来。"

从李春燕家到北京，需要先乘坐拖拉机或者往返县城的面包车前往县城，再乘班车前往凯里，再从凯里转乘班车前往贵阳，最后才能从贵阳乘坐飞机到北京。当时正好有一辆拖拉机要从大塘村前往从江县城为李春燕的卫生室运砖。

李春燕抓上一个小包和身份证，连衣服也来不及换，坐上拖拉机就赶往从江县城。到从江后，去凯里的班车已经没有了，她四处联系车，正好孟凡斌的单位要派车出差，她搭车 6 个小时赶到凯里。

到达凯里的时候已经是晚上九点钟。她不得不放弃当天到贵阳的想法，在凯里住了一晚上。第二天早上，她又搭乘班车前往贵阳，取得机票后，到机场去等待下午 3：20 的飞机飞往北京。

这是李春燕第一次单独出远门，感到非常孤独。在机场好不容易等到下午 3：20，可是到了起飞时间，机场广播说，北京下大雪，飞机起飞时间后延到 5：20，后来又后延到 8：00。

第二次延长登机时间时，一听到广播，李春燕就感到心酸、孤独。看到别人都是好几个人一起，但她自己只是一个人孤零零的，就只想回家。想着想着就哭了起来。她一边哭一边给丈夫打电话，孟凡斌对她说："不要哭，你要学会坚强，有了第一次还有第二次，以后你独自出门的机会还很多，要学会克服困难。"

等到晚上 8：00，终于登上了飞机，准备起飞时，又说还不能走，要再等一个小时左右。李春燕想，到北京还会不会有人来接她，一直好担心。8：30，飞机终于从贵阳机场起飞。

晚上 11：20 左右，飞机终于到达北京。李春燕走出机场，迎接她的司机接到她的时候，深深地喘了一口气说："我终于接到你了。今天我接人已经接了三批，你是最难接的一个。"

入住宾馆以后，她还不知道这次到北京来参加什么活动。

2006 年 1 月 15 日下午，中央电视台的一个工作人员把她送到中央电视台演播大厅，和观众坐在一起。这时候，她才知道搞的是颁奖仪式。这个时候她还不相信，自己是一个农民，一个普普通通的乡村医生，只是做了自己应该做的事儿，居然能够获得这个大奖。

化妆的时候，化妆师问她穿什么衣服，李春燕说："我只穿了身上的衣服，没有另外带衣服来。"工作人员看李春燕穿了一件外套，还有一件毛线衣，就决定穿毛线衣领奖。临上台之前，工作人员还在观众中给她找了一条白色的围巾。

走上领奖台时，看到了观众席上黑压压的人群，脑子里一片空白。敬一丹问她："这几年你是怎么过来的？"她以为敬一丹问的是"这次你是怎么过来的？"脱口就说："我是坐拖拉机过来的。"台下一片笑声。

现在看来，无论李春燕怎样回答，都没有错，到大塘做医生这么多年以来，多次出诊，送病人到县城，一出门就坐拖拉机，卫生室建立以来，只有贴钱，不能赚钱，正常的生活一天都没有，她的生活就像坐拖拉机一样，充满坎坷，四处颠簸。

当主持人念到评委给的评语那一刻，李春燕心里有说不出的感动。虽然有很多人都跟她说现在的社会都是多么多么的复杂，人心是多么多么的诡异，但她这时候才真正地明白人生的意义，才觉得这世界多么的美好，好心人是这的多，有那么多人都在关心自己，自己并不孤独。

当李春燕从 2004 年度十大感动中国人物徐本禹手中接过奖杯时，她心里想，自己一个普普通通的农民，一个普普通通的乡村医生，能得到这么高的荣誉，真不敢相信这是事实，好像在做梦，从内心来说，不是自己感动了中国，而是中国感动了自己。

2006 年 2 月 9 日，中央电视台正式公布 2005 年度感动中国人物的获奖名单，李春燕当时在家，又接到了一个叫吴瓣香的白血病小姑娘，她为小姑娘借到了大约 3000 元，送到了黔东南州人民医院，但最后还是没有挽救小姑娘的生命。

后 记

发现最美乡村医生

从 2004 年 10 月 3 日到现在，已经过去八年多了。从最初遇到李春燕的那一次志愿者活动开始，越来越多的人被李春燕所感动，越来越多的人投入了服务农村的事业，越来越多的人对乡村医疗表示了前所未有的关注，我感到很欣慰。

为什么是志愿者活动？——2004 年 9 月，来自安徽复新学校的志愿者李光对老师到贵州从江县雍里乡大洞小学创办大洞复新学校，践行陶行知教育思想，开办乡村大课堂；国庆期间，我和来自北京、上海等地的 13 名青年朋友一起，到大洞去看望李光对等志愿者，同时要进行有关教育和医疗等方面社会调查。

这次活动得到了黔东南州政协副主席邵平南先生的支持，中国人寿保险公司黔东南分公司为这次活动提供了一辆汽车。10 月 3 日，我们进行分组调查，我和来自中国扶贫基金会的杜娟、首都经贸大学的刘志洁被分在一组，调查的地点就是大塘村。

到了大塘村，我们要想了解乡村医疗卫生状况的时候，就碰到了李春燕。我们跟着李春燕的脚步，来到了大塘村吴昌军家。从进入家门开始，直到我们把孩子送到医院，尽管孩子活下来的希望非常渺茫，但李春燕一直在尽百分之百的努力，没有放弃抢救。

我们一起把孩子送到县医院，妇产科医师刘玉芝连续抢救了一个多小时，最后刘玉芝告诉吴健智的奶奶，即使治好，也有 60% 到 70% 的可能是一个痴呆，吴健智的奶奶决定放弃治疗。出生仅八个小时左右的吴健智在放弃治疗之后不久死亡。

可是更令我震撼的是晚上我们到李春燕家所看到的情景——药架是空的，李春燕家里的柱子上，贴了好几张欠款清单，那些都是群众看病以后交不起药费而欠下来的账单，一共有 320 多元，后来我们向李春燕打听欠账的情况，她告诉我们当时还有 6000 多元的药费收不上来。

在我们要离开李春燕家的时候，她打开了她家最后一扇紧闭的房门，我走进去，一句话也说不出来——这个房屋地基已经被山洪冲掉了一个角，李春燕家的楼已经成了危楼，如果再碰上雨季，随时都有垮塌的危险。而李春燕没有钱来维修她家的房子。

整个过程，我都在拍照片，一共拍下了 309 张照片。中央电视台社会记录栏目用《三百张照片的故事》专门介绍了我们的这次意外遭遇。

从江县的一位医疗行政干部曾经告诉我，吴健智的遭遇是几十万分之一，也就是在日常生活中，这样的极端例子非常非常的少。我想了想，发现如果单纯从吴健智之死的角度来看，只是一例个案，不具备普遍性；但从李春燕的遭遇来看，吴健智的死就成了必然。

李春燕作为一个村里的文化人，本来可以生活得更好，但就因为她选择了做乡村医生，她也和乡亲们一样——乡亲们没有钱，付不起药费，李春燕也和他们一样的穷，同样没有钱买盐，同样吃不上肉，过年的时候不敢回娘家拜年……距离县城 15 公里的大塘村尚且如此，这个世界究竟还有多少吴健智……

从李春燕抢救吴健智的故事来看，这个新闻具有了很大的影响力，它让许多人开始思考中国的乡村医生和乡村医疗，让人回顾乡村医疗大普及带来的孕产妇死亡率和婴儿死亡率、破伤风致死率等大幅度下降的政策和时代。

2005 年春节，我和贵州省黔东南州民族旅行社的潘宣百、美国加州大学在中国社会科学院攻读博士的访问学者戴震一起来到大塘村，来到李春燕家，潘宣百看到李春燕家那破房子的时候，也深受感动，一再跟我说，让我想办法给李春燕找些钱，把她家的房子建起来，否则说不定哪一天就见不到李春燕全家了。

2 月份我回到北京以后，正好 2004 年度的感动中国人物奖刚刚颁发不久，我想："李春燕的故事已经那么的感动我们了，我手中的照片也属于不可复制的上乘佳作，我应当试试。"于是，我将自己手中掌握的图片，编发了一个图片版的《一生只有八小时》，发到天涯虚拟社区。

尽管至今没有一家媒体采用我发布的照片，但今天看来，这是一个令我自豪的决定。

从 2005 年 2 月下旬开始，直到当年 5 月初，李春燕家的电话成了热线，每天有近 40 个电话打给李春燕，社会捐款和关注也空前增多。还有一些朋友给我打来电话发来短信，要求为李春燕做一些事情。

凤凰卫视是最早关注李春燕的电视媒体，从《一生只有八小时》在《南风窗》刊登出来之后不久，凤凰卫视的《有报天天读》栏目就用了 3 分钟的时长介绍了这个故事；2005 年 3 月份，《冷暖人生》记者吴丽梅等两人还亲自跑到大塘村，对李春燕进行了采访，4 月 19 日以《最后的赤脚医生》为题，报道了李春燕的事迹。

中央电视台《实话实说》郑宇虹、丁洪亮两位同行 2005 年 7 月份到达从江，对李春燕进行了采访，8 月 4 日，在北京录制了李春燕的节目，8 月 23 日，以《乡村女医生》为题报道了李春燕的事迹。2005 年底又邀请李春燕到北京做了一期节目。《中国青年报》也对李春燕和大塘村的医疗问题表示了高度的关注。

在媒体的广泛关注下，2006 年 2 月 9 日，李春燕被评为中央电视台 2005 年度"感动中国十大人物"，曾因在贵州从事两年支教活动而获得 2004 年度"感动中国"十大人物的徐本禹为她颁奖。

盛名之下，李春燕还是那样容易让人感动。2005 年 5 月 1 日，当她被评为贵州省劳动模范、捧着鲜花回县城的时候，碰到一个因为贫困不得不准备出院的妊高症妇女，拿出了自己 5000 元奖金中的 3000 元，给那位妇女交了住院费，保住了那名妇女的生命。

李春燕最开始获得社会捐款的时候，还一个劲儿地要将捐款退给捐款人，后来捐款和药品捐赠的不断增多，没法退回，她就用这些钱支付村里鳏寡孤独者看病的费用。再后来，李春燕用社会捐助在村里建设一个卫生室，目前这个卫生室已经建成，一共三层，让大塘村有了一个像样和固定的卫生室。

李春燕的故事还影响了许多的青年朋友，从 2005 年开始至今，整整八年的时间里，来自杭州、上海和北京等地的朋友，陆陆续续为贵州月亮山地区捐建了许多的校舍、图书室和卫生室，一个关注月亮山地区的民间志愿者团队"第九世界公益俱乐部"（网址 www.9world.org）就此成立，在 2008 年援助月亮山地区抗雪凝灾害、2009 年援助抗旱、玉树地震救援和重建中都做出了许多的努力。

一些青年朋友他们利用暑假、寒假和长假乃至自己的休假时间，自费到月亮山去做志愿者，做了一些有益于当地社会发展的努力和社会调查。还有一批人，他们虽然去不了农村，但是他们在城市里，正在以各种形式团结起来，捐物捐款捐书，为一线志愿者提供生活保障，在更多的边远贫困地区创办乡村图书馆。

最初接待我们的黔东南州政协副主席邵平南先生，因为经常支持志愿者的活动，为各个贫困乡村运送捐赠物资，被大家亲切地称为"第九世界的运输大队长"。他支持第九世界公益俱乐部的活动长达6年的时间，2011年1月底，因患癌症离开了我们，但他的低调和实干一直感动着我们，让我们继续为贫困地区的民众幸福努力。

在李春燕获得中央电视台2005年度"十大感动中国人物"奖之后，2006年3月份，贵州省组织了有李春燕、孟凡斌、村干王世言、村民潘红正和我在内的李春燕报告团，3月16日在贵州省黔东南州做了第一场报告。2006年3月，人民出版社刘彦青编辑邀请我执笔李春燕的传记，当年8月《乡村医生李春燕》第一版出炉。

但正如任何的产品都存在一定缺陷那样，最开始以第一人称来写作的李春燕故事也存在许多不足。随着后来继续与李春燕夫妇接触和了解，尤其是2009年以电视连续剧剧本的方式改编李春燕故事的时候，这种不足感更加强烈。

2009年，李春燕入选"100位新中国成立以来感动中国人物"，后来还被选为贵州省人大常委会委员，在我按照电视剧要求改编李春燕故事的时候，对故事真实性的核实更加严格。因为发现了太多不足，2011年，我将修改中的剧本停下来，准备进一步了解和消化李春燕故事后再继续。

2011年年底，我接到吉林文史出版社副总编王尔立老师的电话，她说希望能够将李春燕的故事重写。不过后来由于时间的安排和报社工作的紧张，这本书的重写工作一直断断续续，终于在2012年的10月底完成。

作为一名优秀的新闻工作者，我面对的是一个真实的世界，面向的是一个个真实的人，主人公也是一个活生生的人，我知道真实是新闻的生命这一原则。在我写的李春燕的故事中，可能因为了解不深入而写得不那么生动有趣，但是我已经最大限度地达到了新闻的真实，也就是说，这本书是真实的李春燕生活的记录，是可以核实的一本基层社会基层人物的历史。

由于本人学识所限、经验不足，因而错误在所难免，请读者予以谅解。如果读者朋友有意见或建议，请到我的博客"第九世界"（http://blog.sina.com.cn/m/liguangshou）上给我留言，也可以通过电子邮件给我提意见和建议，我的邮箱是liguangshou@126.com。如果本书有机会再版，将进一步按照大家的意见做一些微调。

这本书在写作的过程中，得到许多人的宽容和理解，也得到过许多人的支持，在此一并感谢，但不一一点名了。在这本书完成后，我又重新开始关于李春燕故事电视剧本的改编工作，也同样希望得到更多朋友的帮助和支持。

黎光寿

2012 年 10 月 29 日

100位

新中国成立以来感动中国人物

丁晓兵　马万水　马永顺　马恒昌　马海德　中国女排五连冠群体

孔祥瑞　　孔繁森　　文花枝　　方永刚　　方红霄　　毛岸英

王　杰　　王　选　　王　瑛　　王乐义　　王有德　　王启民

王进喜　　王顺友　　邓平寿　　邓建军　　邓稼先　　丛　飞

包起帆　　史光柱　　史来贺　　叶　欣　　甘远志　　申纪兰

白芳礼　　任长霞　　刘文学　　刘英俊　　华罗庚　　向秀丽

廷·巴特尔　许振超　　达吾提·阿西木　　邢燕子　　吴大观

吴仁宝　　吴天祥　　吴金印　　吴登云　　宋鱼水　　张　华

张云泉　　张秉贵　　张海迪　　时传祥　　李四光　　李春燕

李桂林和陆建芬夫妇　　李素芝　　李梦桃　　李登海　　杨利伟

杨怀远　　杨根思　　苏　宁　　谷文昌　　邰丽华　　邱少云

邱光华　　邱娥国　　陈景润　　麦贤得　　孟　泰　　孟二冬

林　浩　　林巧稚　　林秀贞　　欧阳海　　罗映珍　　罗健夫

罗盛教　　草原英雄小姐妹　　赵梦桃　　钟南山　　唐山十三农民

容国团　　徐　虎　　秦文贵　　袁隆平　　钱学森　　常香玉

黄继光　　彭加木　　焦裕禄　　蒋筑英　　谢延信　　韩素云

窦铁成　　赖　宁　　雷　锋　　谭　彦　　谭千秋　　谭竹青

樊锦诗

图书在版编目（CIP）数据

李春燕 / 黎光寿著. -- 长春 ：吉林文史出版社，
2012.11（2024.5重印）
（100位新中国成立以来感动中国人物）
ISBN 978-7-5472-1264-6

Ⅰ．①李⋯ Ⅱ．①黎⋯ Ⅲ．①李春燕－生平事迹－青
年读物②李春燕－生平事迹－少年读物 Ⅳ．①K826.2

中国版本图书馆CIP数据核字(2012)第260035号

李春燕

LICHUNYAN

著/ 黎光寿

选题策划/ 王尔立　责任编辑/ 王尔立 李洁华 任玉茗

装帧设计/ 韩璘

出版发行/ 吉林文史出版社

地址/ 长春市福祉大路5788号　邮编/ 130118

电话/ 0431-81629363　传真/ 0431-86037589

印刷/ 天津海德伟业印务有限公司

版次/ 2012年12月第1版 2024年5月第5次印刷

开本/ 640mm×920mm　1/16

印张/ 9　字数/ 150千

书号/ ISBN 978-7-5472-1264-6

定价/ 29.80元